Ce livre étant en double aux Imprimés a été donné à la Bib. particulière du Dép.¹ des Médailles par le Conservateur des Imprimés.

Reg. F. n°. 1918

Janvier 1872.

CATALOGUE

D'UNE

COLLECTION D'EMPREINTES

DE MÉDAILLES.

Se vend à PARIS,

Chez
{
MIONNET, rue des Blancs-Manteaux, n° 37;
FUCHS, Libraire, rue des Mathurins, hôtel de Cluny;
KŒNIG, Libraire, quai des Augustins, n° 18;
TREUTTEL et WURTZ, quai Voltaire;
Le Portier de la Bibliothèque Nationale, arcade Colbert, n° 280.
}

CATALOGUE

D'UNE COLLECTION

D'EMPREINTES EN SOUFRE

DE

MÉDAILLES GRECQUES ET ROMAINES.

Prix, 1 franc 50 centimes.

A PARIS,

DE L'IMPRIMERIE DE CRAPELET.

AN VIII.

AVERTISSEMENT.

On s'occupe depuis long-temps en Italie de former des collections d'empreintes de pierres gravées : le nombre en est tellement considérable, qu'il reste fort peu de choses à desirer, et elles ont été augmentées de manière qu'elles contiennent tous les chef-d'œuvres conservés dans les plus célèbres cabinets de l'Europe. Malgré la variété et l'intérêt qu'offrent ces collections aux personnes qui aiment l'étude de l'antiquité, ce serait circonscrire dans un cercle trop étroit cette étude, que de mettre seulement sous les yeux des artistes et des curieux des empreintes de pierres gravées sans y joindre celles des médailles, si intéressantes sous une infinité de rapports.

L'idée de fabriquer des empreintes de cette nature n'a pas échappé à beaucoup d'amateurs, et plusieurs en ont fait avec succès ; mais ils n'ont pas été à portée de donner à ces collections l'étendue nécessaire pour être à-la-fois utiles et agréables. L'auteur de celle-ci espère lui donner l'extension qu'elle doit avoir pour en faire la base d'une étude suivie, et le public reconnaîtra aisément les avantages qu'on en peut retirer.

Le but qu'on s'est proposé en formant cette collection, est de la rendre assez nombreuse pour qu'on puisse acquérir en très-peu de temps l'habitude des légendes et de tous les types, et se rendre tellement familier avec les médailles grecques, qu'on puisse, sans un travail pénible, les déchiffrer.

Pour y parvenir, on a employé le moyen suivant. On sait que beaucoup de médailles antiques ne diffèrent entr'elles que par des signes légers, tels que les symboles et les monogrammes qui occupent le champ; alors on s'est contenté de ne mouler dans chacune des villes, que les médailles qui diffèrent par la légende ou par le type, sans avoir égard à ces symboles ou à ces monogrammes, lorsqu'ils ne semblent offrir aucuns résultats intéressans. On aura ainsi sous les yeux tous les types et les légendes connus sans de trop fréquentes répétitions.

Les médailles autonomes sont classées dans chacune des villes d'après leur fabrique plus ou moins ancienne, et à la suite se trouvent les médailles frappées par chacune de ces mêmes villes au coin des empereurs romains : à la suite des provinces sont également les suites des rois qui les ont gouvernées.

Cette collection peut se subdiviser de diverses manières, et selon le genre d'étude qu'on se propose de suivre : le choix des médailles a été fait de manière qu'on y peut trouver une suite de médailles palæographiques fort étendue; d'autres de divinités, de héros, de personnages illustres et de fondateurs de villes; une suite des jeux, et des médailles qui font mention des divers titres que ces villes ont pris, de leurs situations, des fleuves qui les avoisinent, de

AVERTISSEMENT.

leurs diverses magistratures et de leurs alliances, et enfin de quantité d'autres objets qui ne sont pas moins susceptibles de piquer la curiosité. On peut également extraire de cette suite une quantité assez considérable d'animaux, de végétaux, &c.

La classification générale de toutes ces médailles est d'après l'ordre géographique des provinces; les villes ont été décrites par ordre alphabétique, ce qui se trouve absolument conforme au système d'Eckhel établi dans sa *Doctrina Numorum Veterum*; mais on a eu soin de numéroter les médailles, de manière que les personnes auront la facilité de désigner, sans équivoque, les objets dont elles auront fait choix.

Cette collection peut devenir d'autant plus utile dans les musées, les bibliothèques publiques des départemens, et sur-tout dans les diverses écoles où se professent l'histoire et les antiquités, qu'elle réunira par la suite tous les types connus des médailles grecques autonomes et les plus intéressans parmi les impériales, et que ces empreintes seront aussi fidèlement rendues que si c'étaient les médailles mêmes, avantage que ne peuvent procurer les gravures des divers ouvrages, qui n'en donnent qu'une idée imparfaite.

On a ajouté à la suite de la description des médailles les signes AV. AR. Æ., qui signifient *or, argent, bronze*, accompagnés de numéros qui correspondent avec l'échelle qui est en tête du catalogue, et qui donnent juste le diamètre de toutes les médailles.

AVERTISSEMENT.

Les caractères ont été figurés quelquefois, mais généralement on s'est contenté des caractères grecs bien connus, parce qu'il était impossible d'en faire fondre exprès.

Cette collection pourra par la suite monter de 10 à 12,000. Le catalogue sera rangé dans le même ordre, et toutes les médailles contenues dans celui-ci s'y trouveront insérées dans leurs provinces respectives.

Les personnes qui desireront acquérir cette collection, soit en totalité ou en partie, adresseront leurs lettres, franc de port, au citoyen MIONNET, rue des Blancs-Manteaux, n° 37.

On pourra voir cette collection les décadis matin, depuis huit heures jusqu'à deux.

Le prix de cent empreintes, prises à Paris, est de 30 francs. On fera une remise à ceux qui prendront la collection complète.

A

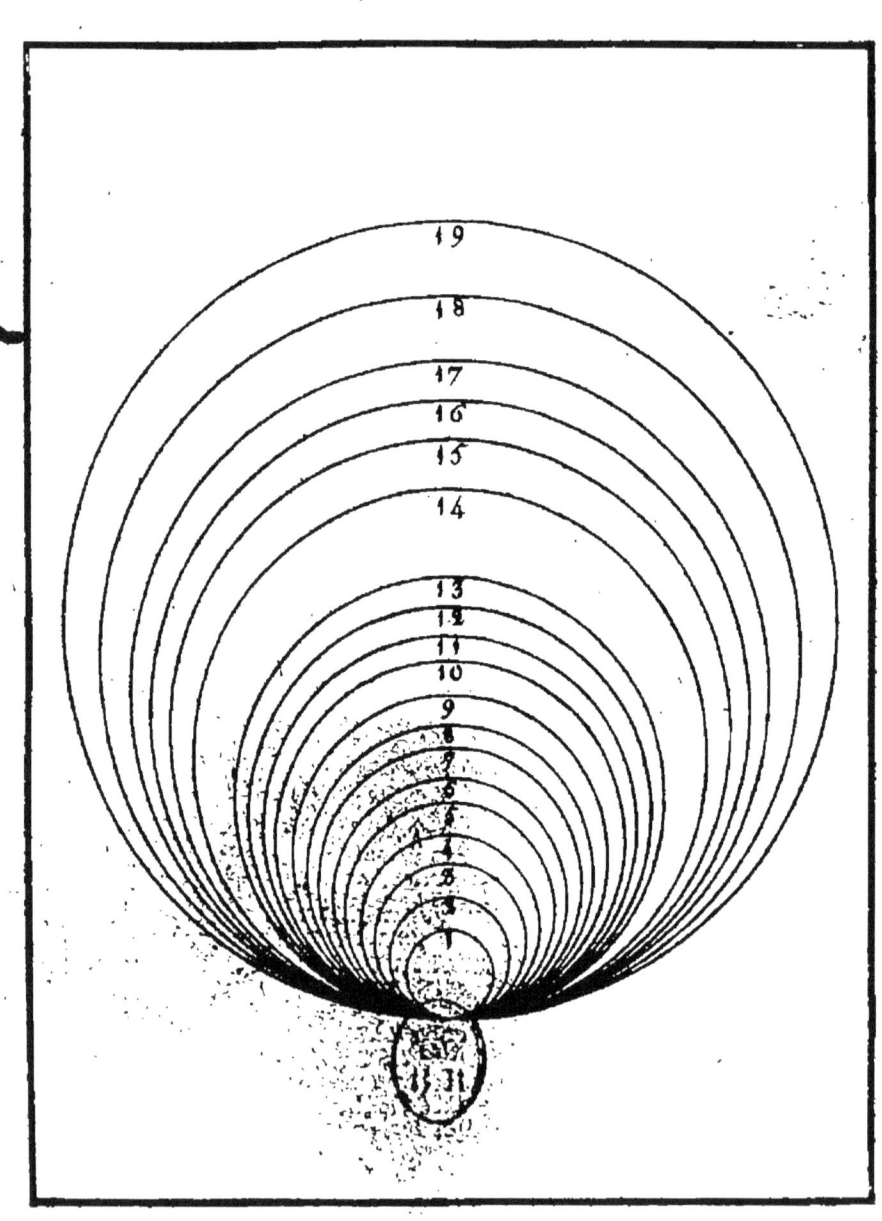

CATALOGUE

D'UNE

COLLECTION D'EMPREINTES

MÉDAILLES.

ESPAGNE.

1. Tête de Pallas : au-dessus, tête de bélier. ℞. HISPANORVM. Cavalier. Æ. 5.
2. Tête de Diane avec le carquois. N. ℞. Même légende. Victoire debout tenant une couronne. Æ. 2.

LUSITANIE.

3. *Emerita.* TI. CAESAR. AVGVSTVS. PON. MAX. IMP. Tête de Tibère laurée. ℞. COL. AVGVSTA EMERITA. Porte d'Emerita. Æ. 7. *Florez. pl. XXIII. n°. 7.*

BÆTIQVE.

4. *Acinipo.* Grappe de raisin : astre. ℞. ACINIPO. Deux épis. Æ. 5.
5. *Asido.* Tête virile. ASIDO. ℞. Bœuf. Æ. 7. *Florez. IV. 4.*
6. *Carbula.* Tête de femme dans une couronne. ℞. CARBVLA. Lyre. Æ. 10. *Florez. XIV. 1.*
7. *Carissa.* Cavalier. CARISSA. ℞. Tête virile. Æ. 9.
8. *Carmo.* Tête casquée dans une couronne. ℞. CARMO. Deux épis. Æ. 10.

A

ESPAGNE. BÆTIQUE.

9. *Carteia.* Tête de femme tourrelée. CARTEIA. ℞. DD Pêcheur, panier à ses pieds. Æ. 5. *Florez. IV.* 2.
10. *Caura.* Tête casquée dans une couronne. ℞. CAVRA. Poisson, la lettre A. Æ. 8. *Florez.*
11. *Corduba.* Tête de femme diadêmée, légende effacée. ℞. CORDVBA. Amour debout tenant une corne d'abondance. Æ. 5. *Florez.* XX. 8.
12. *Gades.* Tête d'Hercule, sa massue à côté. ℞. Poissons, caractères phéniciens. Æ. 9.
13. —— AGRIPPA. Tête nue d'Agrippa. ℞. MVNICIPIVM PATRONVS PARENS. *Acrostolium.* Æ. 11.
14. *Ilipa.* ILIPENSE. Poisson : croissant au-dessus. ℞. Epi. Æ. 9.
15. *Ipora.* Tête virile imberbe. IPORA. ℞. Bœuf : symbole inconnu. Æ. 10.
16. *Orippo.* Tête imberbe. ℞. ORIPPO. Femme assise. Æ. 7. *Florez.* XXX. 5.
17. *Ituci.* Cavalier; dessous ITVCI. ℞. Un épi. Æ. 6.
18. *Laelia.* LAELIA. Deux épis. ℞. Cavalier. Æ. 7.
19. *Lastigi.* Tête casquée. ℞. LASTIG. Deux épis. Æ. 6. *Florez.*
20. *Obulco.* Tête de femme ; OBVLCO ; le tout dans une couronne. ℞. Caractères celtibériens, un épi et une charrue. Æ. 10.
21. *Onuba.* Tête de Mars. ℞. ONVBA. Deux épis. Æ. 6.
22. *Orippo.* Tête de femme. ℞. ORIPPO. Bœuf marchant. Æ. 7. *Florez.* XXXV. 5.
23. *Oset.* Tête virile imberbe. ℞. OSET. Figure debout tenant une grappe de raisin. Æ. 9.
24. *Osca.* VRB. VICT. Tête virile imberbe nue. ℞. OSCA. Cavalier armé d'une lance. Æ. 9. *Florez.*
25. *Sacili.* Tête barbue : derrière SACIL. ℞. Cheval. Æ. 9. *Florez.*
26. *Searo.* Tête couverte d'une peau de lion. ℞. SEARO. Deux épis. Æ. 7. *Florez.*
27. *Ulia.* Tête de femme, au-dessus d'un croissant, devant une branche. ℞. VLIA. Deux branches. Æ. 10.
28. *Urso.* Tête diadêmée ; devant VRSONE. ℞. L AΓ. DEC Q. Sphinx ailé. Æ. 9.
29. *Ventipo.* Tête casquée. ℞. VENTIPO. Figure militaire debout tenant une lance renversée. Æ. 9.

TARRAGONOISE.

30. *Carthago Nova.* Tête casquée. ℞. CVIN. Figure de Minerve posée sur un cippe. Æ. 6. *Florez.* XVI. 8.

ESPAGNE. TARRAGONOISE.

31. *Celsa.* HIBERVS Π V QVINQ. Tête du fleuve Hiberus vomissant des eaux. ℞. GLVCR. P. F. Π. V QVINQ. Simpulum. *Pellerin. tom. I. pl. I. n.* 4.
32. —— Tête imberbe nue, derrière CEL, devant deux poissons. ℞. Cavalier tenant une palme; dessous anciens caractères espagnols. *Florez.* XIX. 8.
33. *Clunia.* Tête virile imberbe nue. Un poisson. ℞. CLOVNIO Q. Cavalier. Æ. 8. *Florez.*
34. *Emporiae.* ΕΜΠΟΡΙΤΩΝ. Tête de femme couronnée d'épis. ℞. Cheval couronné par une Victoire. AR. 4. *Pellerin. tom. I. pl. I.* 16.
35. *Gili.* Tête imberbe diadêmée derrière une massue; lég. effacée. ℞. Cavalier; caractères espagnols. Æ. 7. *Florez.* XXVIII. 1.
36. *Ilercavonia.* Galère; dessous ILERCAVONIA. ℞. MVN. HIBERA. IVLIA. Galère à pleines voiles. Æ. 7. *Florez.* XXVIII. 10.
37. *Ilerda.* Tête juvenile nue. ℞. Chien : anciens caractères espagnols. Æ. 6.
38. *Osicerda.* OSIC. Lion marchant. ℞. Tête de Vulcain; tenaille. Æ. 6. *Peller.* I. II. 19.
39. *Ostur.* OSTVR. Sanglier. ℞. Gland. Æ. 9.
40. *Tarraco.* CT. V. dans une couronne de laur. ℞. Bœuf. Æ. 5.
41. *Toletum.* EX. CELTAMB. Tête virile imberbe nue. ℞. TOLE. Guerrier à cheval. Æ. 8. *Florez.* XLV. 7.
42. *Turiaso.* SILBIS. Tête de femme laurée. ℞. TVRIASO. Cavalier. Æ. 9. *Florez.* XLVI. 9.
43. *Rhoda.* Tête de femme couronnée d'épis, sans légende. ℞. Une rose. AR. 4. *Peller.* II. 21.
44. —— Autre semblable, avec des caractères espagnols du côté de la tête. AR. 4.
45. *Saetabi.* Tête barbue. SAETABI. ℞. Cavalier; caractères espagnols. Æ. 8. *Florez.*
46. *Saguntum.* SAGVNTINV. Tête casquée. ℞. Victoire couronnant une proue de vaisseau; dans le champ, caducée et caractères espagnols. AR. 8.
47. *Segovia.* C. L. Tête imberbe nue. ℞. SEGOVIA. Cavalier. Æ. 6. *Florez.* 9.
48. *Valentia.* TAHI. IF. L. TRINI. L. F. Q. Tête casquée. ℞. VALENTIA. Corne d'abondance et foudre, joints ensemble. *Florez.* XLVIII. 6.
49. —— Tête juvenile nue, avec un collier de perles. ℞. Cavalier armé d'un bouclier, conduisant deux chevaux; caractères espagnols. AR. 5.

GAULE,

AQUITAINE.

50. *Avaricum.* Tête virile devant ☉ ℞. ....ARICI. Cheval. Æ. 3.
51. *Santones.* SANTONOS. Tête casquée. ℞. Cheval, un astre. AR. 3.
52. *Turones.* TVRONOS. Tête imberbe. ℞. Cheval, plusieurs symboles. Æ. 3.

NARBONOISE.

53. *Antipolis.* ΔHM. Tête juvenile laurée. ℞. ANTIΠ ΛEΠI. Victoire couronnant un trophée. Æ. 4. *Peller.* t. I. III. 5.
54. *Avenio.* Tête laurée. ℞. AOYE. Sanglier. AR. 2. *Peller.* 10.
55. *Beterra.* Buste d'un guerrier casqué portant la main à la bouche. ℞. BETAPPA. Lion. K. Æ. 6. *Peller.* 14.
56. *Cabellio.* CABE. Tête de femme. ℞. LEPI. Corne d'abondance dans une couronne de laurier. AR. 1.
57. *Massilia.* Tête de femme couronnée de fleurs. ℞. MAΣΣA. Lion. AV. 4.
58. —— Une semblable en argent.
59. —— Tête virile imberbe nue. ℞. MA. dans les rayons d'une roue. AR. 1. *Peller.* tom. I. IV. 23.
60. *Lacydon.* ΛΑΚΥΔΩΝ. Tête imberbe nue. ℞. Roue. AR. 1. *Peller.* tom. I. IV. 21.
61. *Rhodanusia.* Tête du soleil vue de face; à côté un oiseau. ℞. MA. Rose. AR. 2. *Peller.*
62. *Segusia.* Tête casquée derrière une lance. SEGVSIA. ℞. ARVS. Figure nue debout sacrifiant sur un autel; Thélesphore sur un cippe à la gauche. AR. 3. *Peller.*
63. *Volcae Arecomici.* VOLCAE. Tête de femme. ℞. AREC. Femme debout tenant une palme. Æ. 2.

LYONNOISE.

64. *Aballo.* Tête virile. ℞. ABALLO. Ane. Æ. 3. *Peller.* tom. I. III. 1.
65. *Andecavi.* ANDEC. Tête casquée derrière une lance. ℞. Cavalier. *Peller.*
66. *Aulerci.* AVLIRCO. Un cheval. ℞. EBVR. Sanglier. Æ. 5. *Peller.*
66 *bis.* —— Une autre presque semblable.

GAULE. BELGIQUE.

67. *Lugdunum*. Tête de la Victoire. ℟. INAO AX. LVGV. Lion. AR. 2.
68. *Rotomagus*. SVTICOS. Tête de femme. ℟. RATVMACOS. Figure conduisant un bige. Æ. 3.

BELGIQUE.

69. *Catalaumum*. CATAL. Tête casquée. ℟. Lion et sanglier. Æ. 4.
70. —— Une autre; même tête, même lég. ℟. Aigle sur un foudre; un vase. Æ. 4. *Peller.*
71. *Turnacum*. DVRNACOS. Tête casquée, ailée. ℟. AVSCRO. Cavalier; bouteroue. AR. 4. *Peller.* 44.
72. *Mediomatrici*. Tête casquée. ℟. MEDIO. Cavalier. Æ. 3. *Peller.*
73. *Remi*. Têtes des trois Gaules accollées. ℟. Figure conduisant un bige. Æ. 3.
74. *Virodunum*. VIRODVNVM. Tête virile casquée. ℟. Cavalier. TVROM.

ITALIE.

ITALIE SUPERIEURE.

75. *Acilium*. Tête juvenile voilée et laurée. ℟. AKI. Diota. Deux grappes de raisin. Æ. 3. *Peller. tom.* I. VII. 4.
76. *Ravenna*. FELIX RAVENNA. Tête radiée. ℟. Un aigle sur un foudre; deux étoiles.

ETRURIE.

77. *Cosae*. Figure vêtue de la toge entre deux licteurs. ΚΟΣΩΝ. Un monogr. ℟. Aigle. AV. 4.
78. *Faleria*. Tête de Jupiter laurée. ℟. FA. H. Aigle, serpent, foudre. AR. 6.
79. —— Même tête. ℟. FA. Aigle, foudre. AR. 6.
80. —— Un aigle sur un bouclier dévorant un serpent. ℟. FA. Foudre. AR. 6.
81. —— Tête de femme diadêmée, sur le diadême ΦΑΛΣΙΟΝ. ℟. Aigle dans une couronne. AR. 6. *Peller. tom.* I. IX. 15.
82. *Graviscae*. Tête de Jupiter. ℟. Deux aigles. ΓΡΑ- ΚΡΗ. Æ. 3. *Peller. tom.* I. VII. 7.

UMBRIE.

83. *Pisaurum.* Tête casquée de face. ℞. ....ΣΑΥΡ..., Cerbère. Æ. 3. *Peller. tom. I. IX.* 40.
84. *Tuder.* Tête de Silène. ℞. TVTERE en caractères étrusques. AR. 4.
85. —— Une semblable en bronze.

PICENUM.

86. *Ancona.* Tête de femme laurée. M. ℞. ΑΓΚΩΝ. Bras tenant une palme; deux étoiles. Æ. 5. *Peller.*

MARRUCINI.

87. *Teate.* Tête de Pallas. ℞. TIATI. Chouette, couronne et cinq globules. Æ. 6.

LATIUM.

88. *Acerra.* Tête de Jupiter laurée, derrière quatre globules. ℞. AKEPV. en caract. étrusq. Jupiter sur un quadrige. Æ. 7.
89. *Alba.* Tête casquée. ℞. ΑΛΒΑ. Aigle sur un foudre. AR. 3. *Peller.*

SAMNIUM.

90. *Aquinum.* Tête de Pallas casquée. ℞. AQVINO. Coq. Æ. 4.
91. *Aesernia.* VOLKANOM. Tête de Vulcain; tenailles. ℞. AISERNINO. Jupiter foudroyant dans un bige. Æ. 5. *Pell.*
92. *Murgantia.* ΜΥΡΓΑΝΤΙΑ. Tête d'Apollon laurée. ℞. Bœuf à tête humaine, foudre. Æ. 4. *Pell. supp. III. 1. 2.*
93. —— Tête imberbe laurée, derrière ITALIA. ℞. Huit chefs de la guerre Sociale jurant de maintenir leur alliance sur une truie que leur présente un homme à genoux; dessous A. AR. *Morel. fam. Rom. incert.* 1. 3.

FRENTANI.

94. *Larium.* Tête de femme voilée et laurée. ℞. LADINOD. V. Dauphin, deux globules. Æ. 4.

CAMPANIE.

95. *Cales.* Tête de Pallas; massue. ℞. CALENO. Victoire dans un bige. AR. 5.
96. —— Une autre semblable, sans la massue.
97. —— Une autre, un fer de lance et la lettre Θ.

98. *Capua.* Tête de femme avec une couronne garnie de tours, deux étoiles et une coquille. ℞. ΚΑΠΥ. Cavalier. Æ. 6.
99. *Cume.* Tête de femme diadêmée. ℞. ΚΥΜΑΙΟΝ rétrograde, coquille et grain d'orge. AR. 5. *Pell.* VIII. 23.
100. —— Tête casquée. ℞. Grenouille. AR. 1. *Pell.* 24.
101. —— Tête de femme. ℞. ΚΥΜΕ. Coquille. AV. 1.
102. *Neapolis.* Tête de Diane. ΑΡΤΕΜΙ. Petite figure debout tenant deux flambeaux. ℞. ΝΕΩΠΟΛΙΤ. Bœuf à tête humaine couronnée par une Victoire. N. AR. 5.
103. *Nola.* Tête de femme diadêmée. ℞. ΝΟΛΑΙΩΝ. Bœuf à tête humaine couronnée par une Victoire. AR. 4.
104. *Nuceria.* Tête d'Apollon. ℞. ΝΥΚΡΙΝΩΝ. Cheval. Æ. 5. *Pell.* VIII. 31.
105. —— Tête virile imberbe nue. ℞. Même lég. Chien. Æ. 4.
106. —— Tête d'Apollon. ℞. Chien. Æ. 3. *Pell.* V.III. 33.
107. *Suessa.* Tête de Pallas. ℞. SVESANO. Coq et étoile. Æ. 4.
108. —— Tête d'Apollon, derrière o. ℞. Même lég. Victoire couronnant le bœuf à tête humaine. Æ. 4.
109. *Teanum.* Tête d'Apollon. ΤΥΑΝΥ. ℞. Bœuf à face humaine couronné par la Victoire. Æ. 4.
110. —— Tête casquée; épis. ℞. ROMANO. EE. Victoire attachant une couronne à une palme. AR. 4.
111. —— Tête barbue casquée. ℞. Buste de cheval. AR. 5.
112. —— Tête barbue casquée. ℞. Buste de cheval, épi. ROMANO. AR. 4.
113. —— Tête d'Hercule jeune. ℞. Romulus et Remus allaités par la louve. ROMANO. AR. 5.
114. —— Tête imberbe avec une corne de bélier; caract. étrusq. ℞. Un homme debout tient de la droite un cheval par le frein, et de la gauche un sceptre. AR. 6.

APULIE.

115. *Arpi.* ΑΡΠΑΝΩΝ. Tête de Cérès couronnée d'épis; un épi. ℞. ΔΑΞΟΥ. Cheval; astre. AR. 5.
116. *Barium.* Tête de Jupiter; deux étoiles. ℞. ΒΑΡΙΝΩΝ. Un amour sur une proue de vaisseau lançant une flèche. Æ. 4. *Mus. caes.* XX. 1.
117. *Hyrium.* Tête de Pallas. ℞. ΥΡΙΑΝΟΣ. Bœuf à face humaine. AR. 5.
118. —— Autre avec une chouette sur le casque. ℞. ΥΡΙΝΑ rétrograde; bœuf. AR. 5.
119. *Luceria.* Tête d'Hercule jeune derrière quatre globules. ℞. LOVCERI. Carquois, arc et massue. Æ. 6.

120. *Rubastini.* Tête de Pallas. K. ℞. ΡΥΒΑΣΤΕΙΝΩΝ. ΔΙ. Chouette sur une branche d'olivier. Æ. 4. *Pell. t.* I. x. 5.
121. *Salapia.* Bœuf à tête humaine. ΣΑΛ. ℞. Bœuf regardant derrière lui. Gland. AR. 4.

CALABRE.

122. *Brundusium.* Tête de Neptune; trident. ℞. BRVN. Jeune homme sur un dauphin, tenant un vase et une lyre; deux globules. Æ. 6.
123. *Butuntum.* Tête de Pallas. ℞. ΒΥΤΟΝΤΙΝΩΝ. Épi. Æ. 5. *Pell.* lettre 1re. 11.
124. *Tarentum.* TARA. Figure virile un genou en terre, tenant une lyre. ℞. Même type en creux. AR. 5. *Pell.*
125. —— Figure assise, tenant un trophée et une haste. ℞. TARA. Homme sur un dauphin; coquille. AR. 5. *Pell.*
126. —— Tête de Jupiter. ℞. ΤΑΡΑΝΤΙΝΩΝ. Aigle. AV. 4.
126 *bis.* TAPA. Tête de femme voilée et diadémée; deux poissons. ℞. ΤΑΡΑΣ ΣΑ. Figure à cheval. AV. 4. *Pell.*
127. —— Même tête. ℞. ΤΑΡΑΝΤΙΝΩΝ. Neptune assis, une petite figure à ses pieds lui tend les bras. AV. 4.
128. —— Tête d'Hercule jeune. ℞. ΤΑΡΑΝΤΙΝΩΝ. Neptune conduisant un bige; ΑΡ. et ΝΙΚ. en monog. AV. 3. *Magnan.*
129. —— Tête de Pallas. ℞. ΣΩ. Chouette. AV. 4.
130. —— Autre semblable; lég. inlisible. AR. 4.
131. —— Tête de femme diadémée. ℞. TA. Figure à cheval, dans le champ croissant & poisson. AR. 4.
132. —— Guerrier à cheval. ΚΑΛΛΙΚΡΑΤΗΣ. Monog. ℞. ΤΑΡΑΣ. Taras sur un dauphin, tient une Victoire et un trident. Monog. AR. 5.
133. —— Jeune homme à cheval armé d'un bouclier et de lances; dessous ΑΡΙ. ℞. ΤΑΡΑΣ. Taras sur le dauphin, tenant un vase et un gouvernail. AR. 5.
134. —— Petite figure à cheval; une autre debout tient les rênes. ΑΡΙΣΤΙ ΕΥ. ℞. ΤΑΡΑΣ ΔΙ. Même figure sur le dauphin, armée d'une flèche et d'un arc; éléphant. AR. 5.
135. —— Figure nue et casquée à cheval, armée d'un bouclier, frappant de sa lance. ℞. ΤΑΡΑΣ ΠΟΛΥ. Taras sur le dauphin, couronné par la Victoire, tient une corne d'abondance de la gauche; foudre. AR. 5.
136. —— ΚΑΛ. Même type. ℞. ΤΑΡΑΣ ΑΡΙ. Taras sur le dauphin tient un casque; deux astres. AR. 5.

… ITALIE. CALABRE.

137. —— Guerrier debout, le bras posé sur son cheval. ℞. Taras sur le dauphin, tenant un trident et un bouclier rond; des flots. TAP. A. AR. 5.
138. —— Petite figure sur un cheval; une autre à genou dessous. ℞. TAPAΣ. Taras, sur le dauphin, tient le Diota; un bouclier et un trident. E. des flots. AR. 5.
139. —— Le pétoncle. ℞. TAPAN. Taras sur le dauphin, tenant une corne d'abondance. Æ. 3. *Neumann.*
140. *Uxentum.* Double tête casquée. ℞. OΞAN. Hercule debout. *Mus. Caes.* p. 23. 1. 7.

LUCANIE.

141. Tête d'Hercule. ℞. ΛΥΚΙΑΝΩΝ. Pallas armée et combattant. Æ. 7. *Pell. VIII.* 30.
142. *Heraclea.* Tête de Pallas. ℞. ΚΑΛ... Hercule étouffant le lion; une chouette et la massue. AR. 5.
143. —— Même tête. ℞. ϜΗΡΑΚΛΕΙΩΝ. Même type; arc, massue et épi. AR. 5.
144. —— ΑΡΙΣΤΟΓΕ. ΚΛΕ. Β. Tête de Pallas. ℞. Même lég. que la première. Hercule debout, la main sur sa massue, et portant une corne d'abondance et la dépouille du lion. Tête de bœuf. AR. 5.
145. —— ΗΡΑΚΛΕΙΩΝ. Ε. Même tête. ℞. ΑΡΙΣ. Hercule debout. Chouette dans le champ. AR. 5.
146. —— ΑΣΔΙΤΑΡΑΣ. Tête d'Apollon. ℞. I. H. Hercule étouffant le lion. Arc et carquois. AV. 1.
147. —— Tête de Pallas. ℞. ...ΚΛΗΙΩΝ. ΦΙΑ. Hercule assis. AV. 1.
148. *Métapontum.* MET. Epi en relief. ℞. Même type en creux. AR. 7.
149. —— Une autre. META. AR. 6.
150. —— *Id.* MET. AR. 4.
151. —— Tête de Cérès. ΑΙΤ. ℞. META. Epi et rat. Φ. AR. 6.
152. —— Même tête. ℞. Même lég. et même type. ΦΦ. AR. 5.
153. —— Même tête. ℞. Même lég. et même type. MA. Charrue. AR. 5.
154. —— Tête de femme ceinte d'un bandeau. ℞. ΜΕΤΑΠΟ. Epi. AR. 5.
154 *bis.* —— Tête de Mars, au-dessus ΛΕΥΚΙΠΠΟΣ. ℞. META. Epi. AR. 5. *Mus. Caes.* p. 23. 1.
155. —— Même tête sans nom. ℞. Même lég. épi, massue. AR. 5.
156. —— META. Cigale sur un épi. ℞. Figure virile nue et debout déracinant un laurier posé sur un autel, et tenant un arc et une flèche. AR. 6.

157. —— Tête d'Hercule. ℞. Même lég. épi. Æ. 3. *Mus. Caes.* p. 24, 18.
158. *Paestum.* ΠΟΣ. Neptune debout frappant de son trident. ℞. Même type en creux. AR. 8.
(Une autre. *Voyez* les *As* italiques).
159. *Siris.* Taureau regardant derrière lui, en relief. ΜΟΝΣϘΣΜ. ℞. Même type en creux, avec la lég. ΠΥ+ΟΣΜ. AR. 8. *Eckhel. Doct. num. vet. 1. p.* 151.
160. *Sybaris.* ΥΜ. Taureau en relief. ℞. Taureau en creux. AR. 6.
161. *Thyrium.* Tête de Pallas. ℞. ΘΥΡΙΩΝ ΕΥΦΑ. Taureau cornupète ; dessous deux poissons. AR. 7.
162. —— Tête *id.* ℞. ΕΦΑ. Taureau, dessous un thyrse. AR. 7.
163. —— Tête de Pallas. ℞. ΘΟΥΡΙΩΝ. Taureau, poisson. AR. 6.
164. —— Tête *id.* ℞. Même lég. et même type ; taureau, oiseau. AR. 5.
165. —— Une autre un peu différente.
166. —— Tête casquée. ℞. Même lég. taureau, poisson. AR. 6.
167. —— Tête d'Hercule jeune, trois globul. ℞. L. CAIO COPIA. Corne d'abondance ; trois globul. *quadrans.* Æ. 3.
168. *Velia.* Tête de Pallas. ΑΗ en monogr. Φ. ℞. ΥΕΛΗΤΩΝ. Lion, épi, et Φ. Ι. Π. AR. 5.
169. —— Tête *id.* Θ. ℞. Même lég. Lion dévorant une tête de bélier. Φ. AR. 5.
170. —— Tête *id.* Α. ℞. Même lég. au-dessus du lion ; un dauphin et Ι. Φ. AR. 5.
171. —— Tête *id.* ℞. Même lég. au-dessus du lion, une autre dessous peu distincte. AR. 5.
172. *Ursentum.* Tête de femme. ℞. ΟΡΣΑΝΤΙΝΩΝ. Figure nue debout. *Pell. suppl.* II. 1. Æ. 3.

BRUTTIUM.

173. Tête de Jupiter laurée, foudre. ℞. ΒΡΕΤΤΙΩΝ. Guerrier combattant ; tête de bœuf. Æ. 5.
174. Tête de Jupiter. ℞. Même lég. aigle sur un foudre. Æ. 6.
175. Tête de Mars casquée, foudre. ℞. Même lég. Pallas combattant. *Bucranium.* Æ. 7.
176. Autre semblable ; dans le champ une torche. Æ. 7.
177. Tête de Pallas. ℞. Même lég. aigle et torche. AR. 3.

178. Tête de Neptune. ℞. Même lég. femme voilée assise sur un hippocampe ; Amour debout sur la queue de l'animal et lançant une flèche ; corne d'abondance. AV. 3.
179. Même tête. ℞. Même lég. et même type ; une fourmi. AV. 3.
180. Tête d'Apollon ; *bucranium*. ℞. Même lég. Diane chasseresse avec son chien ; étoile. AR. 3.
181. Tête de Junon. ℞. Même lég. Neptune debout, le pied droit posé sur un chapiteau de colonne ; aigle. AR. 5.
182. Même tête ; derrière une abeille. ℞. Même lég. Neptune dans la même attitude ; aigle. AR. 5.
183. Tête de la Victoire ; derrière le *bucranium*. ℞. Même lég. Bacchus debout se couronne et tient son thyrse ; gouvernail. AR. 5.
184. Tête de la Victoire. NIKA. ℞. Même lég. que les précédentes. Jupiter debout foudroyant. Æ. 4.
185. *Caulonia.* KAVΛ. Figure virile nue, marchant, la main droite élevée tient une branche, son bras gauche étendu soutient une petite figure marchant ; un cerf. ℞. Même type en creux. AR. 9.
186. *Croton.* KPO. Trépied en relief. ℞. Oiseau en creux. AR. 6.
187. —— Aigle. ℞. KPO. Trépied. AR. 5.
188. —— Tête d'Apollon. ℞. KPO. Trépied et une branche de laurier. AR. 6.
189. —— Tête de face, couronnée de fleurs. ℞. KPOTONIATAN. Hercule assis un vase à la main droite et sa massue dans la gauche ; un arc. AR. 6.
190. *Valentia.* Tête de Jupiter. ℞. VALENTIA. Foudre ailé, une Victoire. Æ. 7.
191. —— Tête de Vénus. ℞. Même lég. Double corne d'abondance. Æ. 5.
192. —— Tête de Pallas. ℞. Même lég. Chouette et quatre glob. Æ. 5.
193. —— Tête d'Hercule barbue. ℞. Même lég. Double massue ; étoile. Æ. 4.
194. *Locri.* Tête de Jupiter. ROMA. ΠΙΣΤΙΣ ΛΟΚΡΩΝ. Femme assise, couronnée par une autre debout devant elle. AR. 5. *Pell.*
195. —— ΛΟΚΡΩΝ. Tête de Jupiter. ℞. Aigle dévorant un lièvre, foudre et monog. AP. AR. 5.
196. —— ΛΕΥ. Tête de Pallas. ℞. Même lég. Femme assise, une patère de la droite et un pavot de la gauche ; deux étoiles. Æ. 7.

ITALIE. *BRUTTIUM.*

197. *Pandosia.* Trépied. ΚΡΟ. ℞. ΠΑΝΔΟ. Bœuf dans un carré. AR. 7. *Eckhel. doctr. num. vet. 1. p.* 177.
198. *Petelia.* Tête d'Apollon. ΠΕΤΗΛΙΝΩΝ. Trépied. AR. 4.
199. *Rhegium.* Tête de lion de face; deux feuilles de laurier. ℞. ΡΕCΙΝΟΣ. Jupiter assis dans une couronne de laurier. AR. 7.
200. —— ΡΗΓΙΝΟΝ. Tête d'Apollon; deux feuilles de laurier. ℞. Tête de lion de face. AR. 6.
201. *Terina.* ΤΕΡΙΝΑΙΩΝ. Tête de femme. ℞. Victoire assise sur un vase; oiseau sur sa main droite. AR. 5.
202. —— Même lég. et même tête. ℞. Même type; couronne au lieu d'oiseau. AR. 5.
203. —— Tête de femme dans une couronne de laurier. ℞. Même lég. Victoire assise sur un vase. AR. 5.
204. *Temesa.* ΤΕΜ. Casque. ℞. Jambe et trépied. AR. 4.

SICILE.

205. Tête de femme couronnée d'épis; feuille. ℞. ΣΙΚΕΛΙΩΤΑΝ. Figure dans un quadrige. AR. 6. *Peller. isles.* CVIII. 1.
206. *Abacenum.* ΑΒΑΚ. Tête barbue laurée. ℞. ΑΙΝΙ. Sanglier. AR. 2.
207. *Acrae.* Tête de femme. ℞. ΑΚΡΑΙΩΝ. Femme debout tenant deux flambeaux. Æ. 5. *Peller.* CVIII. 6.
208. *Ætnæi.* Tête de Cérès. ℞. ΑΙΤΝΑΙΩΝ. Corne d'abondance. Æ. 4. *Peller.*
209. —— Tête de femme. ΑΙΤΝΑΙ. ℞. Μ. Cheval. Æ. 4.
210. *Agrigentum.* Tête de Jupiter. ℞. ΑΚΡΑΓΑΝΤΙΝΩΝ. B. Aigle. AR. 5.
211. —— ΧΚΡΑΓΑΣ. Figure conduisant un quadrige; aigle et un crabe. ℞. Deux aigles enlevant un lièvre; cigale. AR. 11.
212. —— ΑΚΡΑΓΑΝΤΟΝ. Victoire conduisant un quadrige. ℞. Deux aigles enlevant un aigle; tête de bœuf. AR. 8.
213. —— Même lég. Aigle dévorant un lièvre; coquille. ℞. Poisson et crabe. AR. 8.
214. —— ΑΚΡΑΓΑΝΤΟΣ. Aigle. ℞. Crabe. AR. 6.
215. —— ΑΚΡΑ. Aigle. ℞. ΓΑΣ. Crabe, tête de femme. AR. 5.
216. *Agyrina.* Tête virile imberbe. ℞. ΑΓΥΡΙΝΑΙΩΝ. Chien. Æ. 5.
217. *Alaesa.* Tête de femme; deux poissons. ℞. ΑΛΛΙΒΑΝΩΝ. Syrène; coquille. AR. 2. *Peller.* CVIII. 11.
218. *Aluntum.* Tête de femme laurée. ΑΛΟΝΤΙΝΩΝ. ℞. Taureau cornupète. A. Æ. 5. *Peller.* CIX. 17.
219. *Assorus.* Tête laurée. ΑSSORV. ℞. CRVSAS. Figure nue

ITALIE. SICILE.

debout, tenant un vase et une corne d'abondance. Æ. 6. *Peller.* CIX. 19.

220. *Calacta.* Tête de Pallas. ℞. ΚΑΛΑΚΤΙΝΩΝ. Chouette sur un vase. Æ. 5. *Ib.* 33.

221. *Camarina.* Une aire en creux. ℞. Cygne. AR. 1. *Pell.* CX. 36.

222. —— Figure ailée à genoux tenant un disque. ℞. ΜΑΡ. Cygne devant un autel; croix ansée. AR. 5. *Peller.*

223. —— Autre presque semblable. AR. 5. *Peller.*

224. —— ΚΑΜΑΡΙΝΑΙΟΝ. Tête d'Hercule barbue couverte de la peau de lion. ℞. Figure conduisant un bige; une Victoire la couronne; cygne. AR. 7.

225. —— ΚΑΜΑRΙΝΑ. Même tête. ℞. Même type. AR. 7. (Une autre. *Voyez* les *As* italiques).

226. *Catana.* Tête d'Apollon de face. ℞. ΚΑΤΑΝΑΙΩΝ. Figure conduisant un quadrige; une Victoire la couronne; colonne, la squille. AR. 7.

227. —— Même lég. Tête d'Apollon de profil. ℞. Même lég., même type sans colonne. AR. 7.

228. —— Même lég. Tête d'Apollon, un instrument. ℞. Quadrige, Victoire, crabe. AR. 7. *Peller.*

229. —— Même lég. Tête d'Apollon. ℞. Quadrige, la Victoire couronnant les chevaux. AR. 7.

230. —— Tête de Silène. ℞. Un foudre. AR. 1.

231. *Centuripae.* Tête de Jupiter laurée. ℞. ΚΕΝΤΟΡΙΠΙΝΩΝ. Foudre ailé. Æ. 6.
(Une autre de la même ville. *Voyez* les *As* italiques).

232. *Cephalœdium.* Tête d'Hercule barbue. ℞. ΚΕΦΑ. Massue, carquois rempli de flèches, peau de lion. Æ. 5.

233. *Entella.* ΕΝΤΕΛΛΑΝΟΝ. Tête barbue. ℞. Pégase. Æ. 5.

234. —— ΑΧΗΝΤΙΝΟΥ. Tête du soleil. ℞. ΕΝΤΕΛΛΙΝΩΝ. Femme debout tenant une corne d'abond. Æ. 5.

235. *Eryx.* Tête de femme diadêmée. ℞. ΕΡΥΚΕΙΝΩΝ. Hercule debout appuyé sur sa massue. AR. 5.

236. *Gela.* ΓΕΛΑΣ. Buste du bœuf à tête humaine. ℞. Figure conduisant un bige; colonne. AR. 7.

237. —— Même lég., même type. ℞. Même type; une Victoire couronne les chevaux. AR. 6.

238. —— ΓΕΛΑ. Même type. ℞. Guerrier à cheval, frappant avec sa lance. AR. 5.

239. —— ΓΕΛΑΙΩΝ. Tête de face couronnée d'épis. ℞. Tête barbue couronnée d'épis. Æ. 3.
(Une autre. *Voyez* les *As* italiques).

240. *Himera.* Aire en creux. ℞. Coq. AR. 5.

241. —— IMEPAIΩN. Figure conduisant un bige; une Victoire vole au-devant. ℞. Femme debout sacrifiant sur un autel; faune sous une fontaine dont les eaux s'échappent par une gueule de lion; coquille. AR. 7.
242. —— Une autre peu différente. AR. 7.
243. *Therme.* ΘEPMITAN. Tête d'Aréthuse, trois poissons. ℞. Figure conduisant un quadrige; une Victoire la couronne. AR. 7.
244. *Hybla Magna.* Tête de femme voilée et tourrelée, derrière une abeille. ℞. ΥΒΛΑΣ ΜΕΓΑΛΑΣ. Bacchus debout, tenant le *cantharum* et son thyrse. Æ. 5.
245. *Jaeta.* IAITΩN. Tête d'Hercule barbue couverte de la peau du lion. ℞. La Trinacria à tête humaine; épis. Æ. 5.
246. *Leontini.* La partie antérieure d'un lion. ℞. Aire divisée en quatre parties; on y voit un vase et la lettre A. AR. 2.
247. —— Tête d'Apollon couronnée de laurier. ℞. ΛΕΟΝΤΙΝΟΝ. Tête de lion, quatre grains d'orge. AR. 7.
248. —— Même lég. Tête d'Apollon, deux feuilles de laurier, lion. ℞. Figure dans un quadrige; une Victoire la couronne. AR. 7.
249. —— Même lég. Tête de lion; quatre épis. ℞. Cavalier. AR. 5.
250. *Lilybaeum.* Tête de femme voilée. ΛΙΛΥΒΑΙΤΑΝ. ℞. AΓPATIN ΠΥΘΙΩ. Trépied, serpent autour. Æ. 7.
251. *Longone.* Tête de femme. ℞. ΛΟΓ. Corne d'abondance avec des raisins. Æ. 4.
252. *Zancles.* Coquille au milieu du carré divisé en plusieurs parties. ℞. DANKAE. Un dauphin. AR. 5.
253. —— Une autre presque semblable.
254. *Messana.* MESSENION. Tête de bœuf. ℞. Tête de lion de face. AR. 5.
255. —— Même lég. Lièvre. ℞. Figure dans un bige; une Victoire couronne les chevaux; feuille de laurier. AR. 7.
256. —— ΜΕΣΣΑΝΙΟΝ. Lièvre, tête humaine. ℞. Victoire qui couronne une figure conduisant un bige; deux poissons. AR. 7.
257. —— Même lég. Lièvre, tête de Pan, deux feuilles de laurier. ℞. Même type, feuille de laurier. AR. 8.
258. —— Même lég. Lièvre, dauphin. ℞. Bige; Victoire couronnant les chevaux. AR. 6.
259. —— Même lég. Lièvre, aigle, épis. ℞. Bige sans Victoire. AR. 7.
260. —— Tête de Proserpine. ΠΕΛΩΡΙΑΣ. Deux poissons. ℞. ΜΕΣΣΑΝΙΩΝ. Guerrier combattant. Æ. 6.

ITALIE. SICILE.

261. —— ΠΟΣΕΙΔΑΝ. Tête de Jupiter. ℞. ΜΕΣΣΑΝΙΩΝ. Trident entre deux dauphins. Æ. 3.
262. *Mamertini.* Tête de Jupiter laurée. ℞. ΜΑΜΕΡΤΙΝΩΝ. Guerrier combattant. Π. Æ. 7.
263. —— ΑΡΕΟΣ. Tête juvenile imberbe laurée. ℞. Même lég. Aigle sur un foudre. Æ. 7.
264. —— ΑΔΡΑΝΟΥ. Tête de Mars casquée. ℞. Même lég. Chien. Æ. 4.
265. *Mena.* Tête de Jupiter. ℞. ΜΕΝΑΙΩΝ. Victoire conduisant un bige. Æ. 4. *Peller.*
266. *Morgantia.* ΜΟΡΓΑΝΤΙΝΩΝ. Tête de Pallas. ℞. Lion dévorant une tête de cerf. Æ. 6. *Peller.*
267. *Motya.* Tête de femme. ℞. ΜΟΤΥΑΙΟΝ rétrograde; chien. AR. 5.
268. *Nacona.* Tête de femme. ℞. ΝΑΚΟΝΑΙΟΝ. Figure assise sur un mulet tenant un thyrse; dessous trois glob. Æ. 4.
269. *Naxus.* Tête de Bacchus indien, diadème orné de lierre. ℞. ΝΑΞΙΟΝ. Silène assis près d'un cep de vigne, tenant le *diota*, et un thyrse. AR. 7.
270. —— Tête de Bacchus. ℞. Sans lég. Silène avec le *diota*, et un outre. AR. 6.
271. —— ΝΑΞΙΟΝ. Tête de Bacchus; feuille. ℞. Silène dans la même attitude; un therme. AR. 5.
272. *Panormus.* Tête de Cérès. ℞. Sans lég. Cheval; symbole inconnu. AV. 6. (*a*)
273. —— La partie antérieure d'un cerf couché. ℞. Jupiter assis, son aigle sur sa main droite. AR. 7. *Hunter. tab.* XXI. *n.* 18.
274. —— Tête de Cérès entourée de poissons. ℞. Cheval devant un palmier. AR. 7.
275. —— Même tête. ℞. Buste de cheval, palmier, inscriptions phéniciennes. AR. 7.
276. —— Une autre presque semblable. AR. 7.
277. —— Une autre. AR. 7.
278. —— Autre semblable, avec une coquille du côté de la tête.
279. —— Même tête que les précédentes tournée de gauche à droite. ℞. Buste de cheval également de gauche à droite, palmier, inscriptions phéniciennes. AR. 7.
280. —— Même tête. ℞. Cheval tourné de droite à gauche. AR. 7.
281. —— Tête de Cérès entourée de Poissons. ℞. Figure conduisant un quadrige; une Victoire la couronne; trois caractères phéniciens, étoile. AR. 7.

(*a*) Cette médaille et les suivantes ont été rendues à Panormus par Eckhel. *Doctr. Num. vet. tom.* I, 249.

282. —— Tête id. ℞. Quadrige, inscriptions phénicienn. AR. 7.
283. —— Autre avec le même type, et trois caractères phéniciens. AR. 7.
284. —— Tête de Cérès. ℞. Pégase; caractères phéniciens. AR. 12. *Peller. tom. III. pl. LXXXVIII. n. 6.*
285. —— Tête de femme coiffée d'un bonnet semblable au bonnet phrygien, et diadêmée. ℞. Lion devant un palmier, inscription phénicienne. AR. 7.
286. —— Palmier, caract. phénic. ℞. Partie antérieure d'un cheval couronné par une Victoire; inscription, un grain d'orge. AR. 7.
287. —— Tête d'Hercule jeune. ℞. Eléphant, un caractère phénicien. AR. 5.
288. —— Tête d'Hercule. ℞. Buste de cheval; palmier, lég. phénic. AR. 7.
289. —— Tête id. ℞. Devant le cheval un épi. AR. 6.
290. —— Une autre sans épi.
291. ——ΠΑΝΟRΜΙΤΑΝ. Tête virile imberbe nue. ℞. *Trinacria* à tête humaine. Æ. 6.
292. *Segesta.* ΣΕCΕΣΤΑ. ⇌ IB. Tête de femme. ℞. Chien, grain d'orge. AR. 6.
293. *Selinus.* Aire carrée divisée en plusieurs parties. ℞. Feuille du *selinum*. AR 5.
294. ——ΣΕΛΙΝΟΕΣ. Bœuf à tête humaine, poisson. ℞. Femme caressant un serpent. AR. 2.
295. ——ΣΕΛΙΝΟΣ. Figure virile nue, debout, sacrifiant sur un autel triangulaire, derrière un bœuf; feuille du *selinum*, coq au pied de l'autel. ℞. ΣΕΛΙΝΟΝΤΙΟΝ. Deux figures dans un bige, l'une tient les rênes, l'autre lance une flèche. AR. 7.
296. *Solontium.* Tête de Pallas. ℞. ϹΟΛΟΝΤΙΩΝ dans une couronne de laurier. Æ. 6.
297. *Syracusa.* Aire en creux divisée en quatre parties; au milieu une petite tête de femme. ℞. ΣΥΡΑϘΟΣΙΟΝ. Figure conduisant un quadrige. AR. 7.
297 bis. —— Même lég. Tête de Cérès entourée de poissons. ℞. Bige; Victoire couronnant les chevaux. AR. 7.
298. —— Même lég. Cérès les cheveux retroussés sous un bandeau. ℞. Même type. AR. 7.
299. —— Même lég. Tête de Cérès. ℞. Serpent sous le bige. AR. 8.
300. ——ΣΥΡΑΚΟΣΙΩΝ ΕΥΜ. Tête de Cérès couronnée d'épis, trois poissons. ℞. ΕΥΟ. Une figure ailée conduit un quadrige; une Victoire la couronne; Syrène avec deux têtes

ITALIE. SICILE.

de chien, porte un trident et attrape un poisson; elle est suivie d'un dauphin. AR. 7.

301. —— Tête de femme. ℞. Polype. IP AR. 7.
302. —— ΑΡΗ. Tête d'Aréthuse vue de face, et entourée de poissons. ℞. Quadrige, une Victoire couronne la figure qui le conduit; épi. ΣΥΡΑΚΟΣΙΩΝ. AR. 7.
303. —— Autre presque semblable. AR. 8.
304. —— ΚΟΡΑΣ. Tête de Pallas. ℞. Tête de cheval; *trinacria*. AR. 9.
305. —— Tête de Pallas, derrière ΑΓ en monog. ℞. ΣΥΡΑΚΟΣΙΩΝ. Diane chasseresse, chien. ΣΩ. AR. 6.
306. —— Autre semblable. AR. 6.
307. —— Autre sans le monog. et avec ces lettres ΧΑΡ. AR. 6.
308. —— Tête *id*. ℞. Même lég., foudre. ΞΑ. AR. 6.
309. —— Tête de Pallas. ΑΙ. Même lég. ℞. Pégase. AR. 5.
310. —— Tête de Pallas derrière un buste de cheval. ℞. Pégase, dessous le Κ ancien. AR. 5.
311. —— Même tête. ΑΝ en monog., sceptre. ℞. Pégase. Ν. AR. 5.
312. —— Tête *id*. ΑΡΓΕΙ. Casque. ℞. Pégase. AR. 5.
313. —— Tête *id*. derrière Λ. ℞. Pégase. Λ. AR. 6.
314. —— ΣΥΡΑΚΟΣΙΩΝ. Tête imberbe diadêmée, arc. ℞. Lion, massue. Æ. 5.
315. —— Même lég. Tête juvenile nue. ℞. Même lég. Cheval. AV. 1.
316. —— Même lég. Tête de Proserpine diadêmée, cheveux retenus par un réseau, trois poissons. (*Le coin a cassé en frappant.*) ℞. Quadrige, une Victoire couronne la figure qui le conduit; lance, casque et cuirasse. AR. 11.
317. —— Autre sans le réseau; coquille derrière la tête. AR. 11.
318. —— Même lég. Même tête dessous ΝΤ. ℞. Même type. AR. 11.
319. —— Même lég. la lettre Δ. ℞. Même type. AR. 11.
320. —— Tête de Cérès, trois poissons, couronne. ℞. Sans lég. Cheval devant un palmier. AR. 7.
321. —— ΣΥΡΑΚΟΣΙΩΝ. Tête de Proserpine derrière Α. ℞. Hercule à genoux étouffant le lion. AV. 3.
322. —— Même lég. Tête de Cérès; flambeau. ℞. Bige. Æ. 5.
323. —— ΖΕΥΣ ΕΛΕΥΘΕΡΙΟ. Tête de Jupiter laurée. ℞. Même lég. que les précéd.; foudre. Æ. 6.
324. *Tauromenium*. ΑΡΧΑΓΕΤΑ. Tête d'Apollon. ℞. ΤΑΥΡΟΜΕ-ΝΙΤΑΝ. Lyre. Æ. 5.
325. —— Tête d'Apollon, sans lég.; étoile. ℞. Même lég.; trépied. Æ. 3.
326. *Tyndaris*. Tête de Pallas. ℞. Mercure debout. Æ. 4.

C

ROIS DE SICILE.

327. Tête de *Gelon* diadêmée derrière une massue. ℞. ΣΥΡΑ-ΚΟΣΙΟΤ ΓΕΛΩΝΟΣ. Victoire conduisant un bige. AR. 6.
328. Même tête. ℞. ΓΕΛΩΝΟΣ. Bige. AR. 5.
329. *Hieron I.* Tête d'Hieron diadêmée. ℞. ΙΕΡΩΝΟΣ Φ. Cavalier. AV. 7.
330. —— Même tête. ℞. Même lég. Victoire dans un bige. Æ. 10.
331. *Agathocle.* Tête de Pallas. ℞. ΑΓΑΘΟΚΛΕΟΣ ΒΑΣΙΛΕΟΣ. Foudre. AV. 4.
332. —— Tête de Cérès. ΚΟΡΑΣ. ℞. Sans lég.; Victoire érigeant un trophée; *trinacria*. A. AR. 8.
333. —— Même tête et même lég. ℞. ΑΓΑΘΟΚΛΕΙΟΣ. Même type. AR. 7.
333 bis. —— Autre avec un monog.; même type. AR. 7.
334. *Hieron II.* Tête de Neptune diadêmée. ℞. ΙΕΡΩΝΟΣ. Trident, deux dauphins. Æ. 5.
335. —— Même lég. Tête de Jupiter. ℞. Aigle dévorant un lièvre, foudre, monog. AR. 5.
336. —— Tête de Pallas. ℞. Même lég. Pégase. AR. 4.
337. *Hieronyme.* Tête du roi diadêmée. ℞. ΒΑΣΙΛΕΟΣ ΙΕΡΩ-ΝΥΜΟΥ. Foudre. AR. 8.
338. —— Même tête. ℞. Même lég. et type; les lettres A Φ. AR. 5.
339. *Philistis.* Tête de femme voilée, étoile. ℞. ΒΑΣΙΛΙΣΣΑΣ ΦΙΛΙΣΤΙΔΟΣ. Victoire conduisant un quadrige; étoile, lettre K. AR. 7.
340. —— Même tête, palme. ℞. Même lég. et type. AR. 7.
341. —— Même tête, thyrse. ℞. Même type. AR. 7.
342. —— Autre semblable. ℞. Même type; croissant dans le champ. AR. 7.
343. —— Même tête, feuille. ℞. Id. avec un monog., sans symbole. AR. 7.
344. —— Même tête. ℞. Id. Lettre Φ. AR. 7.
345. —— Même tête, fer de lance. ℞. Id. MI dans le champ. AR. 7.

TYRANS D'AGRIGENTE.

346. *Theron.* Tête de femme. ℞. ΤΕΡ. Crabe. Æ. 3.
347. *Phintias.* Tête de Cérès. ΒΑΣΙΛΕΟΣ ΦΙΝΤΙΑ. Sanglier. Æ. 5.
348. —— Tête de Diane. ℞. Même lég. et type. Æ. 5.

ISLES VOISINES DE LA SICILE.

349. *Cossura.* Tête de femme voilée à la manière ægyptienne, couronnée par la Victoire ; contremarque. ℞. COSSVRA dans une couronne de laurier. Æ. 7.
350. *Gaulos.* Tête de femme voilée. ℞. Lég. phœnicienne, dessous Osiris entre deux figures ægyptiennes. Æ. 8.
351. *Lipara.* Tête de Vulcain. ΛΙΠΑΡΑΙΟΝ. *Aplustra*, six globul. Æ. 10.
352. ——Tête de Mercure barbue ; caducée. ℞. Caract. phœn. L'*Apex* dans une couronne de laurier. Æ. 5.
353. *Melita.* Tête de femme coiffée comme Isis, devant un trophée. ΜΕΛΙΤΑΙΩΝ. ℞. Figure accroupie, avec quatre ailes, disque sur la tête, et tenant deux fouets. Æ. 6.
354. *Caene.* Griffon, dessous une cigale. ℞. ΚΑΙΝΟΝ. Cheval, au-dessus astre. Æ. 5.

CHERSONÈSE TAURIQUE.

355. ΧΕΡ. Griffon. ℞. ΕΤΑΡΟΜΟ. Diane chasseresse accroupie. Æ. 5., *Peller.*
356. *Heracleum.* Tête d'Hercule couverte de la peau de lion. ℞. ΗΡΑΚΛ. Arc, massue, et un globule au milieu. Æ. 6.
357. *Panticapæum.* Tête de Pan couronnée de lierre. ℞. ΠΑΝ. Un griffon marchant sur un épi, tenant un fer de lance. AV. 5. *Peller.*

SARMATIE EUROPEENNE.

358. *Olbiopolis.* Tête barbue. ℞. ΟΛΒΙ. ΒΟΣ. Bipenne et carquois. Æ. 5.

DACIE.

359. *Philippe le père.* IMP. M. IVL. PHILIPPVS AVG. Tête laurée. ℞. PROVINCIA DACIA. AN. I. Femme debout entre un aigle et un lion, tient une enseigne militaire. Æ. 8.
360. *Otacille.* MARCIA OTACILIA SEVERA. AVG. Tête d'Otacille. ℞. Même lég. et type ; sur l'enseigne D. F. (*Dacia Felix.*) Æ. 8.

MŒSIE SUPÉRIEURE.

361. *Viminacium.* Gordien Pie. GORDIANVS. AVG. Tête de Gordien Pie. ℞. P. M. S. COL. VIM. AN. I. Femme debout entre un bœuf et un lion. Æ. 8.
362. —— Autre du même prince avec l'an II. Æ. 9.

MŒSIE INFÉRIEURE.

363. *Callatia.* Tête d'Hercule jeune. ℞. ΚΑΛΛΑΤΙΑ. Epi, massue et carquois. AR. 5.
365. *Istrus.* Deux têtes juveniles de face et accollées, posées en sens contraire. ℞. ΙΣΤΡΙΗ. Aigle sur un dauphin. AR. 5.
366. *Marcianopolis.* ΜΑΡΚΙΑΝΟΠΟΛΙΣ. Tête voilée et tourrelée. ℞. ΜΑΡΚΙΑΝΟΠΟΛΙΤΩΝ. Cybèle assise, et appuyée sur le *tympanum*, tient une patère.
367. *Tomi.* ΤΟΜΟΣ. ΚΤΙΣΤΗΣ. Tête de Tomus. ℞. ΤΟΜΕΙΤΩΝ. Hercule debout appuyé sur sa massue. Æ. 4.

THRACE.

368. *Abdera.* Griffon, *diota.* ℞. ΕΠΙ ΜΕΛΑΝΙΠΠΟ dans un carré. AR. 7.
369. —— Griffon. ℞. ΑΝΑΞΙΠΟΛΙΣ. Tête de femme. AR. 6.
370. —— Même type. ℞. Même lég. Figure debout, tenant un vase. AR. 6. *Peller.*
371. —— ΑΒΔΗΡΙΤΕΩΝ. Tête d'Apollon. ℞. ΕΠΙ ΣΥΛΑΝΙΩ. Griffon. AR. 6.
372. *Aenus.* Tête de Mercure : sur le pétase ΑΙΝΙ. ℞. ΑΝΙΑΔΑΣ. Chèvre dans un carré. AR. *Peller.* pl. *XXXIII.*
373. —— Même tête sans lég. ℞. ΑΙΝ. Même type, caducée. AR. 6.
374. —— Même tête. ℞. ΑΙΝΙ. Même type; mouche. AR. 6.
375. —— Tête *id.* ℞. Même lég. et type ; coquille. AR. 6.
376. —— Tête *id.* ℞. Même lég. rétrograde, même type. AR. 6.
377. —— Tête de Mercure de face. ℞. ΑΙΝΙΟΝ. Même type, couronne. AR. 6.
378. —— Même tête. ℞. Même lég. et type, casque. AR. 6.
379. —— Même tête. ℞. Même lég. et type, aigle. AR. 6.
380. —— Tête *id.* ℞. *Id.* torche. AR. 2.
381. *Bisanthe.* Tête de Cérès voilée. ℞. ΒΙΣΑΝΘΕΝΩΝ. dans une couronne d'épis. *Peller.* *XXXIV.* 15. Æ. 5.
382. *Bysantium.* ΒΥΖΑΣ. Tête casquée. ℞. ΕΠΙ ΑΙ. ΠΟΝΤΙΚΟΥ. ΗΡ. Proue de vaisseau, dessus une petite figure. Æ. 6.
383. —— Tête de Bacchus. ℞. ΒΥΖΑΝΤΙΟΝ. Grappe de raisin. Æ. 6.
384. —— Tête de Diane. ℞. Même lég.; étoile dans un croissant. Æ. 5.
385. *Hadrianopolis.* Tête de Sérapis. ℞. ΑΔΡΙΑΝΟΠΟΛΙΤΩΝ. Isis debout. Æ. 4.

THRACE. CHERSONÈSE.

386. —— Tête d'Hercule barbue. ℞. Même lég. Hercule debout. Æ. 5.
387. *Maronea.* Tête de Bacchus. ℞. ΔΙΟΝΥΣΟΥ ΣΩΤΗΡΟΣ ΜΑΡΩΝΙΤΩΝ. Bacchus debout, deux monog. AR. 10.
388. —— Cheval, dessous un chien. ℞. ΕΠΙ ΚΑΛΛΙΚΡΑΤΕΟΣ. Sep de vigne dans un carré. AR. 5.
389. —— Tête de Bacchus. ℞. ΜΑΡΩΝΙΤΩΝ ΕΠΙ ΑΘΗΝΕΩ. Même type. AR. 6.
390. —— Même tête. ℞. ΕΠΙ ΜΗΤΡ ΝΕΟΣ.... Même type. AR. 6.
391. —— Même tête. ℞. Même lég. que la première. Bacchus debout, monog. Æ. 7.
392. *Mesambria.* Tête de femme. ℞. ΜΕΣΑΜΒΡΙΑΝΩΝ. Pallas debout. Æ. 6.
393. *Nysa.* Tête de Bacchus. ΝΥΣΑ ΕΝ ΠΑΙΩ. Mercure debout. Æ. 3. *Peller.* XXXIII. 1.
394. *Odessus.* Tête de Jupiter. ℞. ΘΕΟΥ ΜΕΓΑΛΟΥ ΟΔΗΣΙΤΩΝ ΚΡΥΣΑ. Jupiter debout. AR. 10.
395. *Pautalia.* Tête d'Apollon. ℞. ΠΑΝΤΑΛΕΩ ΕΝ ΠΑΙΩ. Tête de bœuf. Æ. 4.
396. *Perinthus.* La ciste et le serpent dans une couronne de lierre. ℞. ΠΕΡ en monog.; ΝΙ. Deux serpens autour d'un carquois. (*Cistophore.*) AR. 8.
397. —— Tête d'Apollon. ℞. ΠΕΡΙΝΘΙΩΝ. Cérès, deux flambeaux dans les mains. Æ. 6.
398. —— ΙΩΝΩΝ ΤΟΝ ΚΤΙΣΤΗΝ. Tête d'Hercule. ℞. ΠΕΡΙΝΘΙΩΝ. ΔΙΣ. ΝΕΩΚΟΡΩΝ. Massue. Æ. 5.

CHERSONÈSE DE THRACE.

399. *Aegospotamus.* Tête de femme couronnée. ℞. ΑΙΓΟΣΠΟ. Chèvre, étoile. Æ. 5. *Haym.*
400. *Alopeconnesus.* Tête de femme. ℞. ΑΛΩΠΕΚΟΝ. *Diota*, grappe de raisin, renard. Æ. 3. *Peller. suppl.* I. 13.
401. *Cardia.* Tête barbue dans un carré. ℞. Cœur. AR. 1. *Peller.*
402. —— Tête de femme. ℞. ΚΑΡΔΙΑ. Lion. Æ. 5. *Peller.*
403. *Lysimachia.* Tête imberbe diadêmée. ℞. ΛΥΣΙΜΑΧΕΩΝ. Lion. Æ. 6.
404. *Sestus.* Tête de femme voilée. ℞. ΣΕΣΤΙ. Femme assise, therme. Æ. 5. *Peller.*
404 bis. —— ΤΡΑΙΑΝΟC ΚΑΙ. Tête de Trajan. ℞. CΗCΤΙΩΝ. Lyre. Æ. 3.

ISLES DE THRACE.

405. *Imbrus.* Tête de Pallas. ΙΜΒΡΙΩΝ. Femme debout tenant une corne d'abond. Æ. 5. *Peller.*
406. *Nea.* Tête d'Æsculape. NE. ℞. NE. Victoire marchant. Æ. 5. *Peller.*
407. *Thasus.* Tête de Bacchus indien. ℞. ΘΑΣΙΩΝ. Hercule à genoux tendant son arc; lyre. AR. 6.
408. —— Même tête. ℞. Même lég. et type, bouclier. AR. 6.
409. —— Même tête. ℞. *Id.* mouche. AR. 6.
410. —— Même tête. ℞. *Id.* Grappe de raisin. AV. 2.
411. —— Même tête. ℞. *Id.* monog. HP. AR. 4.
412. —— Tête de Bacchus sans barbe. ℞. ΗΡΑΚΛΕΟΥΣ ΣΩΤΗΡΟΣ ΘΑΣΙΩΝ. Hercule debout. monog. AR. 10.

ROIS DE THRACE.

413. *Lysimaque.* Tête de Lysimaque diadêmée avec une corne de bélier. ℞. ΒΑΣΙΛΕΩΣ ΛΥΣΙΜΑΧΟΥ. Pallas assise. Π. AV. 9.
414. —— Tête *id.* ℞. Même lég. et type; monog. trident. AV. 5.
415. —— Même tête. ℞. Même lég. et type; monog. AR. 9.
416. —— Autre semblable avec un monog. différent. AR. 8.
417. —— Autre avec des différences. AR. 7.
418. —— Autre; massue, carquois et monog. AR. 8.
419. —— Autre; monog. et thyrse. AR. 8.
420. *Sadale II.* Tête diadêmée. ℞. ΒΑΣΙΛΕΩΣ ΣΑΔΑΛΟΥ. Aigle. Æ. 3.
421. *Rhœmetalces I.* ΒΑΣΙΛΕΩΣ ΡΟΙΜΗΤΑΛΚΟΥ. Têtes accollées de Rhœmetalces et de sa femme. ℞. ΚΑΙΣΑΡΟΣ. ΣΕΒΑΣΤΟΥ. Tête d'Auguste nue. Æ. 6.
422. *Cotys V.* ΒΥΖΑΝΤΙΩΝ. Tête d'Auguste nue. ℞. ΕΠΙ ΜΑΤΡΟ-ΔΟΡΟΥ ΗΡΟΞΕΝΟΥ. Tête imberbe diadêmée. K. AR. 6. *Pell.*

PÆONIE.

423. *Audoleon.* Tête casquée de face. ℞. ΑΥΔΟΛΕΟΝΤΟΣ. Cheval, dessous ce monog. ΑΥ. AR. 6.
424. —— Autre semblable; étoile sans le monog. AR. 6.

MACÉDOINE.

425. ΜΑΚΕΔΟΝΩΝ. Tête juvenile nue. Θ. ℞. AESILLAS. Q. La ciste, table et massue, dans une couronne de laurier. AR. 8.

MACÉDOINE.

426. Autre, avec les lettres SI du côté de la tête. AR. 8.
427. Tête de Diane sur le bouclier macédonien. ℞. ΜΑΚΕΔΟΝΩΝ ΠΡΩΤΗΣ. Massue et trois monog. dans une couronne de chêne. AR. 8.
428. Même tête. ℞. Monog.; foudre. AR. 8.
429. Même tête. ℞. ΜΑΚΕΔΟΝΩΝ ΔΕΥΤΕΡΑΣ. Massue et monog. dans une couronne de chêne. AR. 8. *Eckhel. Doct. num. vet. tom. II. p. 63.*
430. Casque dans un carré. ℞. Cheval. AR. 2.
431. ΑΛΕΞΑΝΔΡΟΥ. Tête d'Alexandre casquée. ℞. ΚΟΙΝΟΝ ΜΑΚΕΔΟΝΩΝ. Lion, massue. Æ. 7.
432. *Acanthus.* Aire en creux en quatre parties. ℞. Lion dévorant un taureau. AR. 7.
433. —— Id. ℞. Même type. AR. 6.
434. —— Id. ℞. ΑΚΑΝ. Même type. AR. 8.
435. —— ΑΚΑΝΘΙΟΝ. Le carré divisé en quatre parties. ℞. Même type. AR. 6.
436. —— Même lég. ℞. ΑΛΕ. Même type. AR. 7.
437. —— Même lég. ℞. ..ΛΕΞΙΟΣ. Même type. AR. 6.
438. *Amphaxus.* Tête d'Hercule. ℞. ΑΜΦΑΞΙΩΝ. Massue dans une couronne de chêne. Æ. 7. *Peller.*
439. *Amphipolis.* Tête d'Apollon de face. ℞. ΑΜΦΙΠΟΛΙΤΩΝ. Torche et une plante dans un carré. AR. 6.
440. —— Tête *id.* de face. ℞. Même lég.; torche, bouclier bœotien. AR. 6. *Peller.*
441. —— Tête de Diane. ℞. Même lég. L'enlèvement d'Europe. Æ. 6.
442. *Aphytis.* Tête de Jupiter Ammon. ℞. ΑΦΥΤΑΙ. Aigle. Æ. 4. *Peller.*
443. *Beroea.* ΑΛΕΞΑΝΔΡΟΥ. Tête d'Alexandre casquée. ℞. ΚΟΙΝ. ΜΑΚΕ. Β. ΝΕΩ. ΒΕΡΑΙΩΝ. Figure sacrifiant sur un autel devant une table sur laquelle sont deux urnes; une autre urne sur une colonne. ΕΟC. Æ. 6.
444. *Cassandrea.* Dans une couronne de laurier CASSANDRE. ℞. Trois enseignes militaires. Æ. 3.
445. *Heraclea Sintica.* Tête de Pallas. ℞. ΗΡΑΚΛΕΩΤΩΝ. Massue, Victoire, deux monog. dans une couronne de laurier. AR. 9.
446 a. *Mende.* Aire en creux. ΜΕΝΔΑΟΝ. Oiseau en croupe d'un mulet. AR. 7.
446 b. —— Une aire en creux. ℞. ΜΙ. Un mulet et un sep de vigne. AR. 2.
446 c. —— ΜΕΝΔΑΙΟΝ. Sep de vigne dans un carré. ℞. Silène assis sur un âne; oiseau sur un arbuste. AR. 7.

447. *Neapolis.* ΝΕΟΠ. Tête de femme. ℞. Masque. AR. 2.
448. *Orthagoria.* Tête de Diane de face. ℞. ΟΡΘΑΓΟΡΕΩΝ. Casque. AR. 2. *Peller.*
448 bis. —— Tête juvenile laurée. ℞. ΠΕΛ dans une couronne de laurier. AR. 2. *Mus. Caes.*
449. *Philippi.* Tête d'Hercule. ℞. ΦΙΛΙΠΠΩΝ. Trépied, hache. AR. 6.
450. *Pydna.* Tête d'Hercule. ℞. ΠΤΔΝΑΙΩΝ. Aigle déchirant un serpent. Æ. 3.
451. *Thessalonica.* ΘΕCCΑΛΟΝΙΚΗΣ. Tête de femme voilée et tourrelée. ℞. Dans une couronne de laurier ΘΕCCΑΛΟΝΙΚΕΩΝ. Æ. 4.
452. —— Même lég. et tête. ℞. ΘΕCCΑΛΟΝΙΚΕΩΝ Β ΝΕ. Trépied. Æ. 4.

ROIS DE MACÉDOINE.

453. *Alexandre I.* Dans un carré ΑΛΕΞΑΝΔΡΟ. ℞. Homme debout, couvert du bonnet macédonien, tient deux lances près de son cheval. AR. 8.
454. —— Une semblable sans légende. AR. 8.
455. *Archelaus.* La partie antérieure d'une chèvre dans un carré. ℞. Cavalier avec deux lances. AR. 6.
456. —— Tête imberbe diadêmée. ℞. Dans un carré ΑΡΧΕΛΑΟ. Cheval. AR. 6. *Neumann.*
457. *Pausanias.* Tête juvenile diadêmée. ℞. ΠΑΥΣΑΝΙΑ. Cheval dans un carré. AR. 5.
458. *Amyntas II.* Tête d'Hercule barbue. ℞. ΑΜΤΝΤΑ. Cheval dans un carré. AR. 5.
459. —— Autre un peu différente.
460. *Perdiccas III.* Tête d'Hercule jeune. ΠΕΡΔΙΚΚΑ. Cheval, massue. AR. 6. *Leblond. ex mus. Peller. p. 4.*
461. *Alexandre II.* Tête imberbe diadêmée. ℞. ΑΛΕΞΑΝΔΡΟΥ. Cheval. AV. 1. (*Electrum*).
462. *Philippe II.* Tête d'Apollon. ℞. ΦΙΛΙΠΠΟΥ. Quadrige; tête du soleil. AV. 4.
463. —— Autre un peu différente. AV. 4.
464. —— Tête de Jupiter. ℞. Même lég.; cavalier, grappe de raisin. AR. 6.
465. —— Même tête. ℞. Même lég. et type. Θ. AR. 6.
466. *Alexandre-le-Grand.* Tête de Pallas. ℞. ΑΛΕΞΑΝΔΡΟΥ. Victoire debout, foudre. AV. 6.
467. —— Tête de Pallas. ℞. Même lég. et type; inscriptions phœniciennes. AV. 4.

468. —— Tête d'Hercule. ℞. ΑΛΕΞΑΝΔΡΟΥ. Jupiter assis; inscript. phœn. AR. 6.

469. —— Même tête. ℞. Même lég. même type; inscript. phœn. AR. 7.

470. —— Même tête. ℞. semblable; inscript. phœn. AR. 7.

471. —— Autre, avec une inscript. phœn. AR. 7.

472. —— Même tête. ℞. ΑΛΕΞΑΝΔΡΟΥ ΑΘΗΝΙΚΩΝ. Même type; vase dans une couronne. AR. 11. *Peller.*

473. —— Même tête. ℞. Le nom d'Alexandre et Jupiter Ætophore assis; monogr. AR. 7.

474. —— Autre semblable; deux monogr. AR. 8.

475. —— Même tête. ℞. Même lég. et type. ΔΑΜΑΤΡΙΟΣ ΡΟ. AR. 8.

476. —— Tête juvenile diadêmée et à corne de bélier. ℞. Même lég.; lion. AR. 2.

477. *Philippe Aridée.* Tête de Pallas casquée. ℞. ΦΙΛΙΠΠΟΥ. Victoire debout; monogr., torche. AV. 4. *Eckhel. Doctr. Num. vet. I.* 114.

478. —— Tête d'Hercule. ℞. ΒΑΣΙΛΕΩΣ ΦΙΛΙΠΠΟΥ. Jupiter assis; monogr. et la lettre M. AR. 7.

479. —— Même tête. ℞. Même lég. et type; lettres ΚΤ. Tête du soleil. AR. 7.

480. *Antigone*, Roi d'Asie. Tête de Neptune. ℞. ΒΑΣΙΛΕΩΣ ΑΝΤΙΓΟΝΟΥ. Proue de vaisseau, Apollon assis dessus, tenant un arc; monogr. AR. 8.

481. —— Même tête. ℞. Même lég. et type; monogr. différent et M. AR. 9.

482. —— Tête barbue laurée. ℞. Même lég. et type; trident et dauphin. AR. 9.

483. —— Des flammes. ℞. Même type et lég. AR. 6.

484. *Demetrius 1.* Victoire debout sur une proue de vaisseau. ℞. ΒΑΣΙΛΕΩΣ ΔΗΜΗΤΡΙΟΥ. Neptune debout frappant de son trident; monogr. et la lettre H. AR. 9.

485. —— Même type. ℞. *Idem*; monogr. et dauphin. AR. 7.

486. —— Tête imberbe diadêmée et cornue. ℞. Même lég. Neptune le pied dr. posé sur un rocher; monogr. et massue. AR. 7.

487. —— Autre semblable avec des monogr. différens. AR. 8.

488. —— Autre, avec deux monogr. et une corne d'abond. AR. 7.

489. *Antigone Gonatas.* Tête de faune; *pedum* sur le bouclier macédonien. ℞. ΒΑΣΙΛΕΩΣ ΑΝΤΙΓΟΝΟΥ. Pallas combattant tenant un foudre; monogr., casque. AR. 9.

490. —— Autre presque semblable.

D

491. *Demetrius II.* Tête de Jupiter. ℞. ΒΑΣΙΛΕΩΣ ΔΗΜΗΤΡΙΟΥ. Pallas combattant; bipenne. Æ. 4.
492. *Philippe V.* Tête imberbe diadêmée. ℞. ΒΑΣ..... ΦΙΛΙΠΠΟΥ. Pallas combattant. AR. 8. *Mus. Theupoli.*
493. —— Tête avec un casque ailé; *harpa* sur le bouclier macédonien. ℞. ΒΑΣΙΛΕΩΣ ΦΙΛΙΠΠΟΥ. Massue et deux monogr. dans une couronne de chêne; massue dans le champ. AR. 9.
494. —— Tête de Philippe diadêmée. ℞. Même lég. et même type, trois monogr., trident. AR. 6.
495. *Persée.* Tête de Persée diadêmée. ℞. ΒΑΣΙΛΕΩΣ ΠΕΡΣΕΩΣ. Aigle sur un foudre, deux monogr. dans une couronne de chêne. AR. 9.
496. —— Autre avec des monogr. différens et une étoile. AR. 8.

THESSALIE.

497. Tête de Jupiter couronnée de chêne. ℞. ΘΕΣΣΑΛΩΝ ΚΕΦΑΛΟΥ ΘΕΜΙΣΤΟ. Pallas combattant. AR. 5.
498. *Aenianes.* Tête de Pallas. ℞. ΑΙΝΙΑΝΩΝ. ΑΜΕΙΝΟΚΛ. Figure virile debout; palme, deux lances. AR. 6. *Peller.*
499. *Atrax.* Tête de femme. ℞. ΑΤΡΑΓΙΟΝ. Cheval. AR. 3. *Peller.*
500. *Crannon.* Petit char; *diota.* ℞. Cavalier. Æ 3. *Haym. II. 122.*
501. *Demetrias.* Tête de Diane. ℞. ΔΗΜΗΤΡΙΕΩΝ. Proue de vaisseau. AR. 3. *Peller.*
502. *Gomphi.* Tête de Méduse de face. ℞. ΓΟΜΦΕΩΝ. Jupiter assis. Æ. 5. *Peller.*
503. *Gyrton.* Tête de Jupiter. ℞. ΓΥΡΤ. Cheval. Æ. 4.
504. *Lamia.* Tête de Bacchus. ℞. ΛΑΜΙΕΩΝ. *Diota*, un petit vase. AR. 3.
505. *Lapithae.* ΑΠΟΛΛΩΝ ΣΩΤΗΡ. Tête d'Apollon. ℞. ΛΑΠΙΘΩΝ. Lyre dans une couronne de laurier. AR. 7. *Peller.*
506. *Larissa.* Tête de femme diadêmée de face. ℞. ΛΑΡΙΣΑΙΩΝ. Cheval. AR. 6.
507 a. —— Même tête. ℞. Même lég. et type. AR. 5.
507 b. —— Homme domptant un taureau. ℞. ΛΑΡΙΣΑΙ. Cheval dans un carré. AR. 5.
507 c. —— Même type. ℞. ΛΑΡΙ. Même type. AR. 4.
508. *Malienses.* Tête de Bacchus. ℞. ΜΑΛΙΕΩΝ. *Diota.* AR. 3.
509. *Mopsium.* Tête barbue de face. ℞. ΜΟΨΕΙΩΝ. Homme terrassant un centaure. Æ. 5.
510. *Oetaei.* Tête de lion. ℞. ΟΙΤΑΙΩΝ. Hercule debout. AR. 3. *Neumann.*

THESSALIE. ISLES.

511. *Pelinna.* Homme domptant un taureau. ℞. ΠΕ. Cheval dans un carré. AR. 4.
512. *Phalanna.* Tête imberbe. ℞. ΦΑΛΑΝΝΑΙΩΝ. Cheval. AR. 4.
513. *Pharcadon.* ΦΑΡΚΑΔΟ. Partie antérieure d'un cheval. ℞. Homme domptant un taureau. AR. 4.
514. *Pharsalus.* Tête de Pallas. ℞. ΦΑR. Tête de cheval. AR. 3.
515. —— Tête de Pallas. ℞. ΦΑΡΣ. Cavalier. AR. 4.
516. *Proerna.* Tête imberbe. ℞. ΠΡΩΑΝΩΝ. Massue. AR. 4.
517. *Pythium.* Tête de Pallas. ℞. ΠΤΘΙΕ. Corne d'abond.; bonnets des Dioscures. Æ. 2.
518. *Scotussa.* Moitié d'un cheval. ℞. ΣΚΟ. Une plante. AR. 4. *Peller.*
519. *Thibros.* Tête de Pallas. ℞. ΘΙΒΡΩ. Massue et lance. Æ. 4.
520. *Tricca.* Homme domptant un bœuf. ℞. ΤΡΙΚΚΑΙΟΝ. AR. 4.

ISLES.

521. *Halonesus.* Tête de femme voilée. ℞. ΑΛΟ. ΦΙΛΙΠ. Aigle déchirant un serpent. Æ. 3. *Peller.*
522. *Peparethys.* Tête de Jupiter. ℞. ΠΕ. *Diota.* Æ. 3. *Peller.*
523. *Sciathus.* Tête de femme. ℞. ΣΚΙΑΘΙ. Caducée. Æ. 2. *Peller.*

LIBURNIE.

524. *Alvonia.* Tête d'Hercule. ℞. ΘΕΙΣ ΛΑΤΩΝ. Massue. Æ. 3.

ILLYRIE.

525. *Amantia.* Tête de Jupiter. ℞. ΑΜΑΝΤΩΝ. Foudre. Æ. 4. *Peller.*
526. *Apollonia.* Tête laurée. ΒΙΩΝΟΣ. ℞. ΑΠΟΛ. ΜΝΑΣΕ. Trois nymphes dansant autour d'un brasier. AR. 4.
527. *Byllis.* Tête de Pallas. ℞. ΒΥΛΛΥΟΝΩΝ. Massue dans une couronne de laurier. AR. 3. *Peller.*
528. *Dyrrachium.* Fleur. ℞. Génisse allaitant un veau. AR. 4.
529. —— ΔΥΡ. Les jardins d'Alcinoüs, une massue. ℞. Même type. AR. 5.
530. *Monunius*, Roi. La vache et le veau; une mâchoire. ℞. ΒΑΣΙΛΕΩC. ΜΟΝΟΥΝΙΟΥ. ΔΥΡ. Les jardins d'Alcinoüs. AR. 5.

ÉPIRE.

531. Têtes accollées de Jupiter et Junon, deux monogr. ℞. ΑΠΕΙΡΩΤΑΝ. Taureau cornupète dans une couronne de chêne. AR. 7.

ÉPIRE. ROIS.

532. ΔΥΣΗΝ. ΦΟΡ. Tête de Jupiter couronnée de chêne. ℞. Même lég.; aigle sur un foudre. AR. 5.
533. *Ambracia.* Tête de femme voilée et laurée. ℞. AM. Obélisque. AR. 3. *Peller.*
534. *Bythrotum.* ΒΥΘΡ. Trident. ℞. PER. I. GRA. ECINVS. QVIN. Jambe. Æ. 4. *Peller.*
535. *Cassope.* Tête de Jupiter, monogr. ℞. ΚΑΣΣΩΠΑΙΩΝ. Aigle dans une couronne de chêne. AR. 4.
536. *Damastium.* Tête de femme. ℞. ΔΑΜΑΣΤΙΝΩΝ. Autel sur lequel on lit ΚΗΦΙ. Dessus un trépied. AR. 4. *Peller.*
536 *bis.* —— Tête d'Apollon. ℞. Même lég.; trépied. AR. 6.
537. *Molossi.* ΜΟΛΟΣΣΩΝ. Foudre sur un bouclier. ℞. Foudre dans une couronne de chêne. Æ. 4.
538. *Nicopolis.* ΝΙΚΟΠΟΛΕΩC. Tête de femme tourrelée. ℞. ΙΕΡΑC. Phare. Æ. 4.

ROIS D'ÉPIRE.

539. *Arisbas.* Tête d'Hercule. ℞. ΑΡΙΣ. Deux massues. Æ. 2.
540. *Alexandre 1.* Tête de Jupiter. ℞. ΑΛΕΞΑΝΔΡΟΥ. ΝΕΟΠΤΟΛΕΜΟΥ. Foudre, fer de lance, étoile. AV. 4. *Seguin. Sel. Num. p.* 68.
541. *Phthia.* ΦΘΙΑΣ. Tête de Phthia voilée. ΒΑΣΙΛΕΩΣ ΠΥΡΡΟΥ. Foudre. Æ. 6. *Seguin.*
542. *Pyrrhus.* Tête de Jupiter couronnée de chêne. ℞. ΒΑΣΙΛΕΩΣ ΠΥΡΡΟΥ. Femme tourrelée assise tenant un sceptre. AR. 8.
543. —— Même tête; foudre. ℞. Même lég. et type. AR. 8.
544. —— Tête de Cérès; flambeau. ℞. Même lég.; Pallas combattant, foudre. AR. 5.
545. —— Tête de Pallas, chouette. ℞. Même lég. Victoire portant un trophée. AV. 5.
546. —— Tête de Diane. ℞. Même lég. et type. AV. 3.

CORCYRA, ISLE.

547. Triton avec une couronne et un trident. ℞. Monogr., lion. AR. 5.
548. Triton. ℞. ΕΥΦΑΜΟ. Deux serpens. AR. 5.
549. Même type. ℞. Un grand astre. AR. 6.
550. ΟΛΒΑCΑ. ΒΟΥ. Tête de femme voilée. ℞. ΚΟ. Tête de bœuf dans une couronne de laurier. Æ. 4.
551. Tête de Bacchus de face. ℞. ΚΟ. Grain d'orge, grappe de raisin. Æ. 4.

ACARNANIE.

552. ΛΥΚΥΡΓΟΣ. Tête virile cornue avec un col de taureau. ℞. ΑΚΑΡΝΑΝΩΝ. Apollon nu assis tient un arc; monogr. AR. 7.
553. Même tête, derrière ΑΚΑΡΝΑΝΩΝ. ℞. ΜΕΝΝΕΙΑΣ. Même type; torche. AR. 5.
554. *Actium.* ΑΚΤΙΟ. Tête de Pallas, lyre. ℞. ΑΝΑ. Pégase. AR. 5.
555. *Anactorium.* ΑΝΑΚΤΟΡΙΩΝ. Tête de Pallas, étoile. ℞. Pégase. AR. 5.
556. *Argos Amphilochium.* ΑΜΦΙ. ΑΒΡ. Tête de Pallas. ℞. Pégase. AR. 5.
557. —— ΑΡΓΕΙ. Tête de Pallas, casque. ℞. Pégase. AR. 5.
558. *Heraclea.* Tête d'Hercule. ℞. ΗΡΑΚΛΕΩΤΑΝ. Lion. Æ. 3. *Eckhel. Doct. Num. vet.* II. 186.
559. *Leucas.* Diane debout sur une base, un cerf à ses pieds dans une couronne de laurier. ℞. ΛΕΥΚΑΔΙΩΝ ΔΑΜΙΛΟΣ. Une moitié de vaisseau. AR. 6.
560. *Oeniadae.* Tête de Jupiter. ℞. ΟΙΝΙΑΔΑΝ. Tête virile barbue et cornue avec le col d'un taureau. Æ. 6.
561. *Thyrreum.* ΜΕΝΑΝΔΡΟΣ. Tête cornue imberbe avec le col d'un taureau. ℞. ΘΥΡΡΕΩΝ. Apollon assis tenant un arc; monogr. AR. 6.
562. *Taphias, île.* Tête de femme. ℞. ΤΑΦΑΙ. Pégase à mi-corps, coquille. AR. 3. *Peller.*

ÆTOLIE.

563. Tête d'Apollon. ℞. ΑΙΤΩΛΩΝ. Figure virile debout le pied sur un rocher, le pétase derrière le dos et une courte épée au côté; des monogr. AR. 6. *Peller.*
564. Tête de Mercure. ℞. Même lég.; sanglier, fer de lance. AR. 3.
565. *Apollonia.* Tête de Diane. ℞. ΑΠΟΛΛΩ. Mâchoire de sanglier, flèche. Æ. 3. *Peller.*
566. *Athamanes.* Tête de femme voilée. ℞. ΑΘΑΜΑΝ. Soldat debout. Æ. 3. *Peller.*

LOCRIDE.

567. *Axia.* Tête de Jupiter. ℞. ΑΞ. Foudre ailé. Æ. 4. *Peller.*
568. *Locri.* Tête de Pallas. ℞. ΛΟΚΡΩΝ. Guerrier combattant. AR. 3.
569. —— Même lég.; tête de Pallas. ℞. Pégase. AR. 5.

GRÈCE. LOCRIDE.

570. *Locri Opuntii*. Tête de femme couronnée d'épis. ℞. ΟΠΟΝΤΙΩΝ. Guerrier armé d'un bouclier et d'une épée, combattant; lance. AR. 6.
571. —— Même tête. ℞. Même lég. et type; feuille de lierre. AR. 6.
572. —— Même tête. ℞. *Idem*, casque et flèche. AR. 6.
573. —— Même tête. ℞. *Id.* dans le champ un bouclier. AR. 6.
574. —— Même tête. ℞. *Id.* une flèche. AR. 6.
575. —— Même tête. ℞. ΛΟΚΡΩΝ. ΙΟΙ. Guerrier. AR. 3.
576. *Thronium*. Tête d'Apollon. ℞. ΘΡΟΝΙΕΩΝ. Mâchoire et fer de lance. Æ. 4.

PHOCIDE.

577. ΦΩ. Tête d'Apollon, lyre. ℞. Tête de bœuf de face. AR. 2.
578. *Cyparissa*. Tête d'Apollon, lyre. ℞. ΚΥΠΑ. Trépied. Æ. 8. *Peller*.
579. *Delphi*. Tête de Cérès voilée. ℞. ΑΜΦΙΚΤΙΟ. Apollon lauré en habit de femme assis sur la cortine, le coude droit appuyé sur sa lyre; une branche de laurier. AR. 5. *Pell*.
580. *Elatea*. ΕΛΑΤΕΩΝ. Tête de Neptune. ℞. Tête de Pallas. Æ. 5. *Pell*.

BŒOTIE.

581. Aire en creux. ℞. Bouclier bœotien. AR. 3.
582. Bouclier bœotien. ℞. ΒΟΙΩ. *Diota*, au-dessus un arc et une massue. AR. 6.
583. Même type. ℞. Même lég. et type; raisin. AR. 6.
584. Tête de Bacchus indien. ℞. Bouclier. AR. 5.
585. Bouclier. ℞. ΑΝΔΡ. *Diota*. AR. 6.
586. Même type. ℞. ΗΙΚΕ. *Diota*, couronne. AR. 6.
587. Même type. ℞. ΘΕΟΓ. Même type, caducée. AR. 6.
588. Même type. ℞. ΚΑΛΛΙ. Même type sans aucun symbole. AR. 6.
589. *Id.* ℞. ΞΕΝΟ. *Diota*, flèche. AR. 6.
590. *Id.* ℞. ΤΙΜΟ. *Diota* sans symbole. AR. 6.
591. *Id.* ℞. ΦΙΛΟ. *Diota*, grappe de raisin. AR. 6.
592. Tête de Jupiter. ℞. ΒΟΙΩΤΩΝ. Neptune assis, dessous le bouclier bœotien. AR. 6. *Pell*.
593. Tête de Bacchus indien. ℞. ΚΕΥΡΙΠΟΡΙΟΣ. *Diota*, thyrse. AR. 3.
594. *Pelecania*. Tête de Pallas. ℞. ΠΕΛΕΚΑΝ. Cheval paissant. Æ. 4.

595. *Plataea.* ΠΛΑ. Tête de femme. ℞. Bouclier bœotien. AR. 3.
596. *Tanagra.* Bouclier bœotien. ℞. ΤΑ. Moitié d'un cheval. AR. 5.
597. *Thebae.* Le bouclier. ℞. ΘΕ. *Diota*, arc, une feuille de lierre. AR. 5.
598. —— Même type. ℞. ΘΕ. Hercule jeune, assis, étouffant deux serpens; arc. AR. 5.
599. —— Même type. ℞. ΘΕ. Tête de Bacchus indien de face. AR. 5.
600. —— Même type. ℞. ΘΕ. Tête d'Hercule barbue. AR. 5.
601. *Thespia.* ΘΕΣ. Tête de femme, devant un croissant. ℞. Bouclier. AR. 3.

ATTIQUE.

602. *Athenae.* Aire en creux. ℞. Osselet. AR. 4.
603. —— Masque. ℞. Lion vu de face dans un carré. AR. 6.
604. —— Tête de Minerve. ℞. ΑΘΕ. Chouette dans un carré. AR. 6.
605. —— Même tête casquée sans ornement. ℞. *Id.* AR. 6.
606. —— Tête de Pallas. ℞. ΑΘΕ. ΑΔ. ΗΛ. ΣΙ. ΜΕ. La chouette sur un vase; trident. AR. Une couronne de laurier. AR. 9.
607. —— Même tête. ℞. ΑΘΕ. Même type, deux monogr. AR. 9.
608. —— Tête de Pallas. ℞. ΑΘΗ. Thésée assommant le minotaure. AR. 6.
609. —— Même tête. ℞. ΑΘΗΝ. L'acropole. *Pell.*
610. *Azetini.* Tête de Pallas. ℞ ΑΖΕΤΙΝΩΝ. Chouette sur un chapiteau de colonne d'ordre ionique; branche de laurier. Æ. 5. *Pell.*
611. *Megara.* Tête d'Apollon. ℞. ΜΕΓΑΡΕΩΝ. Lyre. Æ. 4.
611 bis. —— Tête d'Apollon. ℞. Même lég., trépied. Æ. 3.
612. *Aegina, île.* Tête barbue contremarquée. ℞. ΑΙΓΙΝΗ. Hercule debout tendant un arc. Æ. 3.

ACHAIE.

613. ΘΡΑΣΥΛΕΩΝ. Tête de Jupiter. ℞. Monogr. formé des lettres ΑΧ. entre deux autres monogr., foudre; le tout dans une couronne. AR. 3.

MÉDAILLES DE LA LIGUE ACHÉENNE.

614. ΜΕΣΣΑΝΙΩΝ. ΑΧΑΙΩΝ. Femme assise. ℞. ΔΕΞΙΑΣ. Jupiter debout. Æ. 4. *Haym.*

615. ΜΕΓΑΡΕΩΝ ΑΧΑΙΩΝ. Même type. ℞. Jupiter debout. Æ. 4.
616. *Aegium.* Aire en creux. ℞. Tortue. AR. 3.
617. —— Autre un peu différente. AR. 3.
618. —— Tortue. ℞. Dans l'aire un croissant. AR. 2.
619. —— Tortue. ℞. Deux globules. AR. 4.
620. —— Même type. ℞. Deux globules. AR. 3.
621. —— Même type. ℞. Aire divisée en cinq parties. AR. 5.
622. —— Même type. ℞. Dans l'aire ΑΙΓ. Dauphin. AR. 6.
623. —— ΑΙ. Tortue. ℞. ΝΙ. Dauphin. AR. 5.
624. —— Tortue. ℞. ΑΙΓΙ. Dauphin. AR. 6.
625. —— ΑΙ. Même type. ℞. *Id.* AR. 6.
626. —— ΑΙΓΙΕΩΝ. Tête de Jupiter. ℞. ΑΡΙΤΟΔΑΜΟC et le monogr. ΑΧ. dans une couronne de laurier. AR. 3.
627. *Corinthus.* Tête de Pallas. ℞. ΚΟΡΙΝΘΙΩΝ. Trident. Æ. 4. *Peller.*
628. *Patrae.* Tête d'Hercule barbue. ℞. ΑΡΧΙΚΡΑΤΗΣ ΔΙΚΑΙ-ΑΡΧΟΥ ΠΑΤΡΕΩΝ. Pallas marchant, monogr. Æ. 5.
629. —— Même tête. ℞. ΜΗΤΡΟΔΟΡΟΣ ΜΕΝΕΚΛΕΟC. Même type; chouette et monogr. Æ. 5.
630. —— Tête de Pallas. ℞. Même lég. Neptune debout avec son trident. Æ. 4.
631. *Rhypae.* Tête virile imberbe laurée. ℞. ΡΥΥ. Massue, arc et carquois dans une couronne de laurier. Æ. 3. *Peller.*
632. *Sicyon.* Colombe. ℞. Σ ΘΡΑΣΥΜΗΣ. AR. 3.

ÉLIDE.

633. *Eurydicium.* Tête de femme voilée. ℞. ΕΥΡΙΔΙΚΕΩΝ. Trépied. Æ. 3.
634. *Pylus.* ΠΥ. Bœuf marchant; dauphin. ℞. Un carré creux. AR. 5.
635. —— ΠΥ. Même type. ℞. Le carré. AR. 4.
636. —— ΠΥ. Même type. ℞. *Id.* AR. 3.

CÉPHALÉNIE.

637. *Cranium.* ΚΡΑΝΙ. Bœuf. ℞. Un arc dans un carré. AR. 2. *Mus. Caes.*
638. *Proni.* Tête juvénile nue. ℞. ΠΡΩΙΝΩΝ. Massue. AR. 3.
639. *Same.* Tête de Pallas de face. ℞. ΣΑΜΑΙΩΝ. Bélier. AR. 3. *Peller.*
640. —— Même tête. ℞. ΣΑΜΑ. Même type. AR. 3.

ZACYNTHUS, ISLE.

641. Tête d'Apollon. ℞. ΖΑΚΥΝΘΟΥ. Figure virile nue, assise, caressant un serpent. AR. 5. *Peller.*

MESSÉNIE.

642. ΣΩ. Tête de Cérès. ℞. ΜΕΣΑΝΙΩΝ ΛΕΩΝ. Jupiter debout foudroyant; trépied. AR. 9.
643. Tête de Jupiter. ℞. ΜΕΣ. ΑΠΟΛΛΩΝΙΔΑΣ; trépied; le tout dans une couronne de laurier. AR. 3.
644. Même tête. ℞. ΜΕΣ ΠΟΛΥΚΛΗΣ. Même type. AR. 3.
645. *Amphea.* Tête d'Apollon. ℞. ΑΜΦΙΤΟΥΝ. Jupiter assis. Æ. 4.
646. *Colone.* Tête de Pallas. ℞. ΚΟΛΩΝΑΙΩΝ dans les rayons d'un astre. Æ. 3.
647. *Pylus.* Tête de Neptune. ℞. ΠΥ. ΕΠΙ ΔΙΟΣΚΟΥ. Trident. Æ. 5. *Peller.*

LACONIE.

648. *Lacedaemon.* Tête d'Hercule. ℞. ΛΑ. *Diota* entre les bonnets des Dioscures dans une couronne de laurier. AR. 3.
649. —— ΑΥΚΥΡΓΟΣ. Tête barbue. ℞. ΛΑ. Massue terminée en caducée, deux monogr. dans une couronne de laurier. Æ. 6.
650. —— Tête imberbe diadêmée. ℞. ΛΑ. Pallas debout, une chèvre à ses pieds; couronne dans le champ. AR. 7. *Acad. des Belles-Lettres, hist. tom. XL. p. 93.*
651. *Asine.* Tête d'Hercule barbue. ℞. ΑΣΙΝ. Arc, carquois, massue et monogr. dans une couronne. Æ. 3.

ARGOLIDE.

652. Partie antérieure d'un loup. ℞. ΛΑΡ dans un carré. AR. 3.
653. Même type. ℞. ΝΑΙ. AR. 3.
654. *Cleone.* Tête d'Hercule jeune. ℞. ΚΛΕΩ. dans une couronne. Æ. 3. *Peller.*
655. *Epidaurus.* Tête d'Æsculape. ℞. ΑΣΚΛΕΠ. Serpent. Æ. 5.
656. *Thyrea.* Tête de Pallas. ℞. ΘΥΡ. Chouette. Æ. 3.
657. *Troezen.* Tête imberbe. ℞. ΤΡΟ. Trident, dauphin. Æ. 2.

ARCADIE.

658. Tête de Jupiter. ℞. Pan assis sur un rocher, sur lequel on lit ΟΛΥΜ., sa main dr. posée sur le *pedum*; ΑΡΚ. en monogr.; à terre la flûte de roseau. AR. 6. *Hunter.*

659. Même tête. ℞. Même type, le monogr. seul. AR. 6.

660. *Alea.* Deux têtes casquées accollées. ℞. ΑΛΕΩΝ. Jupiter assis. Æ. 3.

661. *Mantinea.* Tête de Pallas. ℞. ΜΑΝΤΙΝΕΩΝ. Homme coiffé d'un bonnet, un bâton à la main. Æ. 3. *Peller.*

662. *Pheneus.* Tête de Cérès couronnée d'épis. ℞. ΦΕΝΕΩΝ. Mercure portant un enfant. AR. 6.

663. —— Une autre presque semblable. AR. 5.

663 *bis. Stymphalus.* Tête de femme laurée. ℞. ΣΤΥΜΦΑΛΙΩΝ ΣΟ. Hercule armé de sa massue combattant. AR. 6.

664. —— Autre presque semblable. AR. 6.

665. —— Même lég. rétrograde, tête d'un oiseau. ℞. Tête d'Hercule jeune. AR. 2. *Peller.*

666. *Tegea.* Tête de Jupiter. ℞. ΤΕΓΕΑΤΑΝ. Deux monogr.; héros debout recevant quelque chose de Pallas debout, ayant à ses pieds une petite figure qui lui présente un vase. Æ. 6.

CRÈTE.

667. ΘΕΟΣ ΣΕΒΑΣΤΟΣ ΕΠΙ ΚΟΡΝΗΛΙΟΥ ΛΥΠΟΥ. Tête d'Auguste radiée. ℞. ΤΑΝ ΚΡΗΤΑΓΕΝΗΣ ΠΟΛΥΡ. Tête de Jupiter. AR. 7. *Barthelemy. B. L. tom. XXVI. p.* 546.

668. ΤΙΒΕΡΙΩ ΚΑΙΣΑΡΙ ΣΕΒΑΣΤΩ ΕΠΙ ΛΑΧΗΤ. Tête de Tibère laurée. ℞. ΣΥΝΚΛΗΤΩ ΚΡΗΤΕΣ. ΚΥΔΩΝΕΑΤΩΝ. Tête barbue voilée. AR. 6.

669. *Allaria.* Tête de Pallas. ℞. ΑΛΛΑΡΙΩΤΑΝ. Hercule debout. AR. 5.

670. *Aptera.* ΑΠΤΑΡΑΙΩΝ. ΠΥΘΟΑΣ. Tête de femme diadêmée. ℞. ΠΤΟΛΙΟΙ ΚΟΣ. Figure militaire debout; arbre. AR. 7.

671. *Arcadia.* Tête de Jupiter Ammon. ℞. ΑΡΚΑΔΩΝ. Pallas debout. AR. 4.

672. *Axus.* Tête de Jupiter. ℞. ΓΑΞΙΩΝ. Trépied, monogr. Æ. 4.

673. *Ceraitae.* Tête de Diane. ℞. ΚΕΡΑΙΤΑΝ. Deux fers de lance dans une couronne. AR. 4. *Hunter.*

674. *Chersonesus.* Tête de Diane. ℞. ΧΕΡΣΟΝΑΖΙΟΝ. Apollon assis sur la corbine tenant sa lyre. AR. 7 *Peller.*

675. —— Tête barbue une corne sur le front. ℞. ΑΡΙΣΤΙΩΝ. Aigle avec les ailes éployées. Æ. 8.

GRÈCE. CRÈTE.

676. *Cnossus.* Minotaure. ℞. Labyrinthe en croix dans un carré, astre au milieu. AR. 6.
677. —— Tête de Jupiter. ℞. ΚΝΩΣΙΩΝ. Labyrinthe. AR. 8.
678. —— Tête id. ℞. Même lég., astre à l'entrée du labyrinthe. AR. 6.
679. —— ΠΟΛ. Tête d'Apollon, x. ℞. Même lég., labyrinthe de forme ronde. AR. 9. *Peller.*
680. —— Tête de Diane. ℞. Même lég.; labyrinthe, autel, foudre, astre. AR. 6.
681. *Cydonia.* Tête de femme, couronnée de lierre. ℞. ΚΥΔΩΝ. Homme debout tendant un arc; une lyre à ses pieds. AR. 6.
682. —— Même tête, derrière ΝΕΥΑΝΤΟΣ ΕΠΟΕΙ. ℞. ΚΥΔΩΝ. Même type. AR. 6. *Mus. Caes.*
683. —— ΑΙΘΩΝ. Tête de Pallas. ℞. ΚΥΔΟΝΙΑΤΑΝ. Chouette sur un vase, figure debout dans une couronne de laurier. AR. 7.
684. *Eleuthernae.* Tête de Jupiter. ℞. ΕΛΕΥΘ. Figure debout. AR. 7.
685. *Elyrus.* Abeille. ℞. ΕΛΥΡΙΝ. Tête de chèvre, lance. AR. 4. *Peller.*
686. —— Abeille. ℞. ΑΤΡΥ. Tête de chèvre. AR. 4.
687. *Gortyna.* Bœuf bondissant. ℞. Femme assise sur un tronc d'arbre. AR. 7.
688. ——Tête de Jupiter. ℞. ΓΟΡΤΥΝΙΩΝ. Bœuf. AV. 4.
689. *Hierapytna.* Tête de femme tourrelée. ℞. ΙΕΡΑΠΥΤΝΙ. ΜΕΝΕΣΘΕ. Aigle, palmier, et monogr. dans une couronne. AR. 6. *Peller.*
690. *Itanus.* Tête de Pallas. ℞. ΙΤΑΝΙΩΝ. Aigle, et un triton armé d'un trident dans un carré. AR. 4.
691. *Lampa.* Tête de femme. ℞. ΛΑΠΠΑΙ ΣΤΑ ΚΟΣΩ. Apollon debout avec sa lyre. AR. 3. *Peller.*
692. *Lyttus.* ΛΥΤΤΙΟΝ. Tête de sanglier dans un carré. ℞. Aigle volant. AR. 6.
693. *Olus.* Tête de Diane. ℞. ΟΛΟΝΤΙΩΝ. Jupiter assis. AR. 6. *Hunter.*
694. *Phaestus.* Bœuf cornupète. ℞. Φ dans un carré. AR. 2.
694 bis. —— Hercule assommant l'hydre, un crabe. ℞. ΦΑΙΣΤΙΩΝ. Bœuf marchant. AR. 8.
695. —— ΦΑΙΣΤΙΟΝ. Hercule assis adossé à un vase; son arc et son carquois suspendus à un arbre. ℞. ΦΑΙΣΤΙ. Bœuf. AR. 7.
696. *Phalanna.* Tête de femme. ℞. ΦΑ. Trident. AR. 6.

697. *Polyrrhenium.* Tête de Jupiter. ℟. ΠΟΛΛΥΡΗΝΙΩΝ. ΧΑΡΙΣ. Tête de bœuf ornée de bandelettes. AR. 6.
698. *Praesus.* Tête de Cérès. ℟. ΠΡΑΙΣΙ. Bœuf cornupète, au-dessus une fleur. AR. 6.
699. *Priansus.* Femme assise, la main dr. posée sur la tête d'un serpent; derrière un palmier. ℟. ΠΡΙΑΝΣΙΕΩΝ. Neptune debout. AR. 6. *Peller.*
700. —— Tête de femme. ℟. Même lég.; gouvernail, palmier et dauphin. AR. 4.
701. *Rhaucus.* Neptune debout tenant un cheval par le frein. N ℟. ΡΑΥΚΙΟΝ. Trident. AR. 6.
702. *Rhithymna.* Tête laurée. ℟. ΡΙ. Figure nue debout tenant un arc. AR. 6.
703. *Sybritia.* Bacchus indien assis tenant le *diota*. ℟. ΣΥΒΡΙΤΙΟΝ. Mercure debout. AR. 7. *Peller.*
704. *Tylissus.* Tête de femme avec une couronne de fleur. ℟. ΤΥΛΙΣΙΩΝ rétrograde; homme nu debout tient une tête de chèvre. AR. 6. *Mus. Caes.*
705. *Incertaine.* Même tête que la précédente. ℟. ΑΡΓΕΙΩΝ. Cygne entre deux dauphins. AR. 6.
706. —— Même tête. ℟. Tête virile entre deux dauphins, lég. effacée. AR. 6.

EUBÉE.

707. Tête de femme. ℟. ΕΥ. Tête de bœuf ornée de bandelettes; feuille de vigne. AR. 4.
708. *Carystus.* ΚΑΡΥΣΤΙΩΝ. Coq. ℟. Vache alaitant un veau. AR. 6.
709. *Chalcis.* Tête d'Apollon. ℟. ΧΑΛΚΙΔΕΩΝ. Lyre. AR. 7.
710. —— Même tête. ℟. Lég. et type semblables. AR. 7.
711. —— Même tête. ℟. *Id.* ΕΠΙ ΑΣΚΛΗΠΙΟΔΩΡΟΥ. AR. 7.
712. —— Même tête. ℟. *Id.* ΕΠΙ ΛΕΑΔΡΟΣ. AR. 6.
713. —— Même tête. ℟. *Id.* AR. 7.
714. —— Tête de femme. ℟. ΧΑΛΚΙ ΜΕΝΕΔΗ. Aigle, ailes éployées; serpent. AR. 5.
715. *Eretria.* Tête de Diane. ℟. ΕΡΕΤΡΙ ΔΑΜΑΣΙ. Bœuf couché. AR. 5.
716. *Histiaea.* Tête de Bacchante couronnée de lierre. ℟. ΙΣΤΙΑΙΕΩΝ. Femme assise sur une proue de vaisseau, tenant un voile. AR. 9.
717. —— Même tête. ℟. Même lég. et type. AR. 3.

ISLES ADJACENTES A L'EUROPE.

718. *Andrus.* Tête de Bacchus. ℟. ΑΝΔΡΙ. Panthère. AR. 3.

GRÈCE. *ISLES.*

719. —— CEOS. Tête barbue laurée. ℞. ΚΕΩΝ. Partie antérieure d'un chien. Æ. 3.
720. *Carthaea.* Tête d'Apollon. ℞. ΚΑΡΘΑΣΙ. Moitié d'un chien au-dessus des rayons, dessus une mouche. Æ. 5.
721. *Iulis.* Tête imberbe. ℞. ΙΟΤΑΙ. Abeille. Æ. 4.
722. *Cythnus.* Tête d'Apollon. ℞. ΚΤΘΝΙ. Lyre. Æ. 3. *Peller.*
723. *Delus.* Tête d'Apollon. ℞. ΔΗ. Lyre. Æ. 1.
724. *Ios.* Légende tronquée. Tête d'Homère. ℞. ΙΗΤΩΝ. Pallas debout, devant un palmier. Æ. 4.
725. *Melos.* Tête de Pallas. ℞. ΜΑΛΙΩΝ ΛΤΣΑΝΙΑΣ. Melon dans une couronne. AR. 4.
726. *Myconius.* Tête de Bacchus, tête humaine pour contre-marque. ℞. ΕΚΑΤΑΙΟΣ. ΚΩΝ. Grappe de raisin. Æ. 7.
727. *Naxus.* Λ. ϹΕΠ. ΓΕΤΑϹ. Tête de Geta. ℞. ΝΑΞΙΩΝ. La Fortune. Æ. 4.
728. *Seriphus.* ΣΕ. Chimère, couronne. ℞. Colombe volant dans une couronne de laurier. AR. 6.
729. —— Une autre presque semblable. AR. 6.
730. *Sicinus.* Tête virile nue. ℞. ΣΙ. Abeille, grappe de raisin. Æ. 5.
731. *Siphnus.* ΣΙ. Chimère, couronne. ℞. ΛΘ. Colombe dans une couronne de laurier. AR. 6.
732. —— Enfant assis tendant un arc sous la Chimère. ℞. ΠΛ. Même type. AR. 6.
733. —— Tête laurée sous la Chimère. ℞. ΛΛ. Même type. AR. 6.
734. *Tenus.* Tête barbue avec une corne de bélier. ℞. ΤΗ. Grappe de raisin. AR. 3.
735. —— Tête imberbe cornue. ℞. ΤΗΝΙΩΝ. Neptune assis. AR. 7.
736. *Thera.* Tête juvénile de face. ℞. ΘΗ. Trois dauphins. Æ. 3. *Peller.*
737. *Incertaine.* Tête casquée avec une mentonnière. ℞. ΚΑΛΤΜΝΙΟΤ. Lyre. AR. 4.

ASIE.

BOSPHORE CIMMÉRIEN.

738. *Gorgippia.* Tête d'Apollon. ℞. ΓΟΡΓΙΠΠΕΩΝ. Trépied entre deux monogr. Æ. 6.
739. *Phanagoria.* Tête barbue. ℞. ΦΑ. Arc, flèche. Æ. 3. *Peller.*

COLCHIDE.

740. *Dioscurias.* Bonnets des Dioscures. ℞. ΔΙΟΣΚΟΥΡΙΑΔΟΣ. Phare. Æ. 3.

PONT.

741. *Amasia.* Tête juvenile ailée. ℞. ΑΜΑΣΕΙΑ. Corne d'abondance entre les bonnets des Dioscures. Æ. 3.
742. *Amisus.* Tête de femme voilée. ℞. ΑΜΙΣΟΥ. Carquois. Æ. 7. *Peller.*
742 bis. —— Tête de Pallas. ℞. Même lég.; Persée venant de couper la tête de Méduse. Æ. 8.
743. *Cabira.* L'ægide de Minerve. ℞. ΚΑΒΙΡΟ. Victoire marchant, tenant une palme. Æ. 6.
744. *Chabacta.* Tête de Pallas. ℞. ΚΑΒΑΚΤΩ. Carquois. Æ. 5.
745. *Comana.* L'ægide. ℞. ΚΟΜΑΝΩ. Victoire marchant, deux monogr. Æ. 5.
746. *Gaziura.* Tête casquée. ℞. ΓΑΖΙΟΥΡΩ. Carquois. Æ. 5. *Haym.*
747. *Laodicea.* Tête id. ℞. ΛΑΟΔΙΚΕΩ. Carquois. Æ. 5. *Peller.*
748. *Pharnacia.* Tête de Jupiter. ℞. ΦΑΡΝΑΚΕΩΝ. Bizon marchant. Æ. 5. *Peller.*
749. *Pimolisa.* Tête casquée. ℞. ΠΙΜΩΛΙΣ. Carquois. Æ. 5.
750. —— Tête de Jupiter. ℞. ΠΙΜΩΛΙΣΩΝ. Aigle sur un foudre. Æ. 8.
751. *Sebastopolis.* Tête de Bacchus. ℞. ϹΕΒΑϹΤΟΠΟΛΕΙΤΩΝ. Ciste d'où sort un serpent. Æ. 4. *Peller.*

ROIS DU PONT ET DU BOSPHORE.

752. *Paerisades.* Tête du roi diadêmée. ℞. ΒΑΣΙΛΕΩΣ ΠΑΙΡΙΣΑΔΟΥ. Pallas assise, trident. AV. 4. *Boze.*
753. *Mithridates II.* Tête diadêmée. ℞. ΒΑΣΙΛΕΩΣ ΜΙΘΡΑΔΑΤΟΥ. Jupiter assis. AR. 9. *Peller. Mel. I. p.* 104.
754. *Mithridates VI.* Tête diadêmée. ℞. ΒΑΣΙΛΕΩΣ ΜΙΘΡΑΔΑΤΟΥ. ΕΥΠΑΤΟΡΟΣ. Α. Cerf paissant, plusieurs monogr.; le tout dans une couronne de lierre. AR. 9.
755. —— Même tête. ℞. Même lég. et type; monogr. différent. AR. 8.
756. —— Même tête. ℞. Même lég. et type. AV. 4.
757. *Asander.* Tête d'Asandre diadêmée. ℞. ΒΑΣΙΛΕΩΣ ΑΣΑΝΔΡΟΥ. Victoire debout sur une proue de vaisseau. ΙΑ. AV. 4.

ASIE. ROIS DU PONT.

758. *Pythodoris.* Tête de Tibère laurée. ℞. ΒΑΣΙΛΙΣΣΑ ΠΥΘΟ-ΔΩΡΙΣ. Balance. ΕΤΟΥΣ Ξ. (60). AR. 4.

759. *Polemon II.* ΕΤΟΥΣ. ΙΕ. (15). Tête d'Agrippine. ℞. ΒΑΣΙΛΕΩΣ ΠΟΛΕΜΩΝΟΣ. Tête de Polemon diadêmée. AR. 4.

760. *Sauromates I.* ΗΜ. dans une couronne de chêne. ℞. Τ. ΙΟΥΛΙΟΥ. ΒΑΣΙΛΕΟC. CΑΥΡΟΜΑΤΟΥ. Couronne sur une chaise curule; lance et bouclier. Æ. 7.

761. *Rhescuporis I.* Tête de Tibère nue. ℞. ΒΑΡ. en monogr. Tête nue de Rhescuporis avec la *diota*. ΣΚΤ. (326). AV. 4.

762. —— ΓΑΙΟΥ. ΚΑΙΣΑΡΟ. Tête de Caligula. ℞. ΒΑ. Ρ. ΙΒ. Tête de Rhescuporis. Æ. 5. *Cary.*

763. *Mithridátes.* ΒΑΣΙΛΕΩΣ ΜΙΘΡΑΔΑΤΟΥ. Tête de Mithridate. ℞. ΙΒ. Dépouille du lion sur une massue, arc, carquois, trident. Æ. 6. *Cary.*

764. *Cotys I.* Tête de Cotys I. ℞. ΝΕΡ. Κ. en monogr.; tête de Néron. ΘΝΤ. (359). AV. 5.

765. *Sauromates II.* Tête de Trajan. ΕΡΤ. ℞. ΒΑCΙΛΕωC CΑΥΡΟΜΑΤΟΥ. Tête de Sauromates. AV. 4.

766. *Cotys II.* Tête d'Hadrien laurée. ΣΚΥ. (326). ℞. ΒΑCΙΛΕωC ΚΟΤΤΟC. Tête de Cotys II. AV. 4.

767 *Rhoemetalces.* Tête d'Hadrien. ΓΛΥ. (333). ℞. ΒΑCΙΛΕωC ΡΟΜΗΤΑΛΚΟΥ. Tête de Rhoemetalces. AV. 4.

768. *Eupator.* Tête d'Antonin laurée. ΒΝΤ. (352). ℞. ΒΑCΙΛΕΟC ΕΥΠΑΤΟΡΟC. Tête d'Eupator; massue. AV. 4.

769. *Sauromates III.* Tête de Septime-Sévère laurée. ϘΥ. (490). étoile; ℞. ΒΑCΙΛΕωC CΑΥΡΟΜΑΤΟΥ. Tête de Sauromates. AV. 4.

770. *Rhescuporis III.* Tête de Caracalla. ΑΙΦ. (511). étoile. ℞. ΒΑCΙΛΕωC. ΡΗCΚΟΥΠΟΡΙΔΟC. Tête de Rhescuporis. AV. 4.

771. *Cotys III.* Tête d'Alexandre-Sévère. ΣΚΦ. (526). ℞. ΒΑCΙΛΕΩC ΚΟΤΤΟC. Tête de Cotys III; trident. AV. 4.

772. *Ininthimeyus.* Tête d'Alexandre-Sévère. ΛΛΦ. (531). ℞. ΒΑCΙΛΕωC. ΙΝΙΝΘΙΜΗΥΟΥ. Tête d'Ininthimeyus, sceptre. AV. 4.

773. *Rhescuporis IV.* Tête de Gordien. ΑΜΦ. (541). ℞. ΒΑCΙΛΕωC ΡΗCΚΟΥΠΟΡΙΔΟC. Tête de Rhescuporis. AV. 4.

774. *Teiranes.* Tête de Probus. ΓΟΦ. (573). ℞. ΒΑCΙΛΕωC ΤΕΙΡΑΝΟΥ. Tête de Teiranes. Æ. 4. *Cary.*

775. *Thothorses.* Tete de Dioclétien. ΗϘΦ. (598). ℞. ΒΑCΙΛΕωC. ΘΟΘΟΡCΟΥ. Tête de Thothorses. Æ. 4.

776. *Rhescuporis V.* Tête de Constantin. ΓΙΧ. (613). ℞. ΒΑCΙΛΕΥC. ΡΗCΚΟΥΠΟΡΙC. Tête de Rhescoporis. V. Æ. 4.

PAPHLAGONIE.

777. *Amastris.* ΟΜΗΡΟϹ. Tête d'Homère diadêmée. ℟. ΑΜΑϹ-ΤΡΙΑΝΩΝ ΜΗΛΕϹ. Fleuve Mélès couché tenant une lyre. Æ. 7.
778. *Cromna.* Tête de Jupiter. ℟. ΚΡΩΜΝΑ. Ν. Tête de femme couronnée de fleurs. AR. 5. *Peller.*
779. *Sinope.* Tête de femme; *Aplustre.* ℟. ΘΕΟΝ. ΣΙΝΩ. Aigle sur un dauphin. AR. 4.
780. —— Tête de femme couronnée de fleur. ℟. Chouette sur un dauphin. ΚΤΗ. AR. 4.

ROIS DE PAPHLAGONIE.

781. *Pylaemenes.* Tête de bœuf de face. ℟. ΒΑΣΙΛΕΩΣ ΠΥΛΑΙ-ΜΕΝΟΥ ΕΥΕΡΓΕΤΟΥ. Caducée. Æ. 3. *Spon Rech. p. 307.*

BITHYNIE.

782. *Apamea Myrlea.* Tête voilée et tourrelée. ℟. ΜΥΡ. Therme de Cérès tenant des épis; flambeau, grain d'orge. Æ. 4. *Peller.*
783. *Chalcedon.* Tête barbue. ℟. ΚΑΛΧ dans les rayons d'une roue. AR. 3.
784. —— Diota et un poisson. ℟. ΚΑΛ dans une aire divisée en quatre. AR. 4.
785. *Hadriani.* ΙΕΡΑ ϹΥΝΚΛΗΤΟϹ. Tête juvenile. ℟. ΑΔΡΙΑΝΕ. Fleuve couché. Æ. 5.
786. *Hadrianothrae.* ΙΕΡΑ ϹΥΝΚΛΗΤΟϹ. Tête *id.* ℟. ΑΔΡΙΑΝΟΘΗ-ΡΕΙΤΩΝ. Æsculape debout. Æ. 4.
787. *Heraclea.* Tête d'Hercule jeune. ℟. ΗΡΑΚΛΕΙΑ. Tête de femme couronnée de fleurs. AR. 5.
788. —— Tête d'Hercule barbue. ℟. Même lég.; massue et grappe de raisin. AR. 1.

ROIS D'HÉRACLÉE.

789. *Dionysius et Timotheus.* Tête de Bacchus. ℟. ΤΙΜΟΘΕΟΥ ΔΙΟΝΥΣΙΟΥ. Figure virile nue debout érigeant un trophée. AE. 5.
790. *Nicaea.* ΝΙΚΑΙΕΩΝ. Tête d'Apollon. ΔΚΣ. ℟. ΕΠΙ ΓΑΙΟΥ. ΠΑΠΙΡΙΟΥ. ΚΑΡΒΩΝΟΣ. Thyrse. Æ. 5.
791. *Nicomedia.* ΑΝΤΙΝΟΟϹ ΗΡΩϹ. Tête d'Antinoüs. ℟. ΜΗΤΡΟ-ΠΟΛΙϹ ΝΙΚΟΜΗΔΕΙΑ. Antinoüs debout. Æ. 5.

792. *Prusia ad Olympum.* ΠΡΟΥΣΑΕΩ. Tête de Bacchus. ℞. ΕΠΙ. ΓΑΙ. ΠΑΠΙΡΙΟΥ. ΚΑΡΒΩΝΟΣ. Pallas assise sur des dépouilles, tenant une Victoire. Æ. 5.

793. *Prusia ad Hypium.* ΒΟΤΛΗ. Tête voilée. ℞. ΠΡΟΥΣΙΕΩΝ ΠΡΟΣ ΥΠΙΩ. Némésis debout. Æ. 4. *Peller.*

794. *Cius.* Tête virile nue. ℞. ΚΙΕΡΕ. Figure nue marchant. Æ. 4.

795. *Prusias.* Tête d'Hercule. ℞. ΠΡΟΥΣΙΕΩΝ. ΤΩΝ. ΠΡΟΣ ΘΑΛΑΣΣΑΝ. Carquois, arc et massue. Æ. 6.

796. *Prusias Cius.* ΚΤΙΣΤΗΝ. Tête d'Hercule nue. ℞. ΚΙΑΝΩΝ. Galère. Æ. 5.

797. —— Tête imberbe avec le bonnet phrygien, contremarque. ℞. ΚΙΑΝΩΝ. Massue. Æ. 4.

798. *Tium.* ΤΕΙΟΣ. Tête juvenile diadêmée. ℞. ΤΙΑΝΩΝ. Femme debout, la main dr. sur une roue posée sur un autel, corne d'abond. dans la g. Æ. 8. *Peller. Rois.*

ROIS DE BITHYNIE.

799. *Prusias; incertains.* Tête de Bacchus. ΒΑΣΙΛΕΩΣ ΠΡΟΥΣΙΟΥ. Centaure tenant une lyre; monogr. Æ. 5.

800. —— Tête de Jupiter. ℞. Même lég., foudre dans une couronne de chêne. Æ. 6.

801. —— Tête de Mercure. ℞. Même lég., therme de Mercure tenant un caducée. Æ. 11.

802. *Prusias I.* Tête de Prusias diadêmée. ℞. ΒΑΣΙΛΕΩΣ ΠΡΟΥΣΙΟΥ. Jupiter debout, deux monogr. AR. 9.

803. *Prusias II.* Tête de Prusias ailée. ℞. Même lég. et même type, monogr. AR. 9.

804. —— Tête semblable. ℞. Même lég. et type, monogr. différent; aigle sur un foudre. AR. 9.

805. —— Même tête. ℞. Lég. et type semblables; deux monogr., aigle sur un foudre. AR. 11.

806. *Nicomedes II.* Tête diadêmée. ℞. ΒΑΣΙΛΕΩΣ ΝΙΚΟΜΗΔΟΥ ΕΠΙΦΑΝΟΥΣ. Cavalier armé. AV. 4.

807. —— Même tête. ℞. Même lég., Jupiter debout, aigle sur un foudre, monogr. et ces lettres ΕΟΡ. AR. 9.

807 bis. —— Même tête. ℞. Lég. et type semblables, deux monogr. AR. 9.

808. *Nicomedes III.* Tête diadêmée. ℞. Lég. et type comme la précédente; monogr., aigle sur un foudre et ces lettres ΜΔΣ. AR. 9.

MYSIE.

809. *Abbaeti Mysi.* Tête de Jupiter. ℞. ΜΥΣΩΝ ΑΒΒΑΙΤΩΝ. Foudre dans une couronne. Æ. 4. *Peller.*

ASIE. MYSIE.

810. *Adramytium.* ΑΔΡΑΜΥΤΗΝΩΝ. Buste de Pallas. ℞. ΕΠΙ ϹΤΡΑ. ΛΟΥΚΙΟΥ.... Pallas debout. Æ. 6.
811. *Antandrus.* Tête de Bacchus. ℞. ΑΝΤΑΝΔΡ. Chèvre. Æ. 5.
812. *Assus.* Tête de Pallas. ℞. ΑΣΣΙ. Griffon. Æ. 3.
813. *Atarnea.* Tête d'Apollon. ℞. ΚΟΛ ΕΠΙ ΓΟΝΟΣ. Moitié de cheval. Æ. 3.
814. *Cyzicus.* Tête de lion dans un carré. ℞. Tête de femme sans lég. AR. 6.
815. —— Tête juvenile coiffée du bonnet phrygien, poisson. ℞. Κ. Tête de lion dans un carré. AR. 2. *Peller.*
816. —— Tête de Cérès voilée. ℞. ΚΥΖΙ. Tête de lion sur un poisson, grappe de raisin. AR. 6.
817. —— Même tête. ℞. Même lég. et même type, un fruit. AR. 6.
818. —— Tête de Cérès. ℞. ΚΥΖΙ. Trépied et monogr. Æ. 2.
819. —— ΚΟΡΗ ΣΩΤΙΡΑ. Tête de Cérès. ℞. ΚΥΖΙΚΗΝΩΝ. Figure nue debout, tenant une corne d'abond. Æ. 5.
820. —— ΚΥΖΙΚΟϹ. Tête diadêmée. ℞. ΚΥΖΙΚΗΝΩΝ. dans une couronne de laurier. Æ. 4.
821. —— Tête de femme. ℞. ΚΥΖΙΚΗΝΩΝ ΝΕΩΚΟΡΩΝ. Dauphin. Æ. 4.
822. —— Même tête. ℞. ΚΥΖΙΚΗΝΩΝ. Temple octostyle. Æ. 4.
823. *Gargara.* Buste de Pallas. ℞. ΓΑΡΓΑΡΕΩΝ. Télesphore debout. Æ. 3.
824. *Germe.* ΓΕΡΑ ΓΕΡΜΗ. Tête de femme tourrelée. ℞. ΓΕΡΜΗΝΩΝ. Pallas debout. Æ. 6.
825. *Lampsacus.* Femme assise sur un dauphin, tenant un bouclier et une coquille. ℞. Cheval marin ailé. AV. 3.
826. —— Tête de femme. ℞. Cheval marin dans un carré. AV. 3.
827. —— Hercule jeune à genoux, étouffant deux serpens. ℞. Cheval marin. AV. 3.
828. *Miletopolis.* Tête de Méduse de face. ℞. ΜΙΛΗΤΟ ΠΟΛΙΤΩΝ. Chouette. Æ. 3.
829. *Parium.* Masque. ℞. Aire en creux. AR. 3.
829 bis. —— Tête de femme ceinte de bandelettes. ℞. ΚΑΤΗΣ. ΠΑΡΙ. Chèvre. AR. 5.
830. —— Masque. ℞. ΠΑΡΙ. Bœuf. AR. 3.
831. —— Tête de Cérès. ℞. ΠΑΡ. dans une couronne de lierre. AV. 2.
832. *Pergamus.* Tête d'Hercule jeune. ℞. ΠΕΡΓΑ. Therme de Pallas armée d'un bouclier et d'une lance. AR. 1. *Peller.*
833. —— *Cistophore.* AR. 7.

ROIS DE PERGAME.

834. *Philetaire.* Tête laurée. ℞. ΦΙΛΕΤΑΙΡΟΥ. Pallas assise tenant une couronne; bouclier, arc, feuille de lierre et la lettre Α. AR. 8.
835. —— Même tête. ℞. Lég. et type semblables, arc et trident. AR. 8.
836. —— Même tête. ℞. Même lég. et type; arc, feuille de lierre et la lettre Λ. AR. 8.
837. —— Même tête. ℞. Même lég. et même type, arc, trident et ces lettres ΛΣΚ. AR. 9.
838. —— Même tête. ℞. Lég. et type sembl. arc, grappe de raisin, lettre Α. AR. 8.
839. —— Même tête. ℞. Même lég. et type; arc, corne d'abond. et monogr. AR. 7.
840. —— Même tête. ℞. Semblable; arc, palme et monogr. AR. 7.
841. —— Tête laurée. ℞. ΛΕΤΑΙΡΥ. Pallas assise. ΛΣR. AR. 5.
842. —— Tête laurée, caractère différent. ℞. Lég. semblable aux précédentes, mais placée derrière Pallas; arc, la lettre Α, feuille de lierre, sphinx. AR. 9.
843. —— Même tête. ℞. Type semblable. AR. 9.
844. —— Tête diadêmée, derrière un arc. ℞. Même type et lég. AR. 8.
845. —— Tête diadêmée, autre caractère. ℞. Même lég. et type. ⊙. sans arc. AR. 8.
846. —— Même tête. ℞. Lég. et type semblables, arc, feuille de lierre et monogr. AR. 8.
847. *Priapus.* Tête de femme voilée. ℞. ΠΡΙΑΠΗΝΩΝ. Tête de bœuf et monogr. dans une couronne d'épis. Æ. 5.

TROADE.

848. *Abydus.* Buste de Diane avec le carquois. ℞. ΑΒΥΔΗΝΩΝ ΦΕΡΕΝΙΚΟΥ. Aigle et mouche dans une couronne de laurier. AR. 8.
849. *Alexandria Troas.* Tête d'Apollon laurée. ℞. ΑΠΟΛΛΩΝΟΣ ΤΙΜΙΘΕΩΣ. ΑΛΕΞΑΝΔΡΕΩΝ. ΠΕΙΣΙΣΤΡΑΤΟΥ. ΣΑΓ. Diane chasseresse, monogr. AR. 8.
850. *Dardanus.* ΔΑΡ. Coq dans un carré. ℞. Cavalier. AR. 4.
851. *Ilium.* Tête de Pallas. ℞. ΑΘΗΝΑΣ. ΙΛΙΑΔΟΣ. ΑΠΗΜΑΝΤΟC. Minerve debout tenant une lance et une quenouille; chouette et monogr. AR. 10.

ASIE. TROADE.

852. —— Tête de Pallas. ℞. ΑΘΗΝΑΣ ΙΛΙΑΔΟΣ ΣΩΣΤΡΑΤΟΥ Même type, couronne de laurier, monogr. AR. 8.
853. *Scepsis.* ΣΚΕΨΗ. Cheval marin. ℞. Palmier dans un carré N. AR. 4.
854. *Tenedos, île.* Double tête de Jupiter et Junon. ℞. ΤΕΝΕΔΙΟΝ. Hache dans un carré; mouche et grappe de raisin. AR. 7.
855. —— Même tête. ℞. Même lég., hache entre les bonnets des Dioscures et une grappe de raisin; monogr., le tout dans une couronne de laurier. AR. 9.
856. —— Même tête. ℞. Même lég. et type. AR. 8.
857. —— Même tête. ℞. Même lég.; hache entre une chouette et une grappe de raisin, monogr. AR. 9.
858. —— Même tête. ℞. Même lég., hache entre Harpocrate et la grappe de raisin. AR. 9.
859. —— *Id.* ℞. Même lég. et type, grappe de raisin et croissant, monogr. AR. 4.

AEOLIE.

860. *Aegae.* Tête d'Apollon. ℞. ΑΙΓΑΙΕΩΝ. Jupiter debout dans une couronne de chêne, monogr. AR. 9. *Peller.*
861. *Cymae.* Tête juvenile diadêmée. ℞. ΚΥΜΑΙΩΝ ΦΙΛΟΔΟΞΟΣ. Cheval marchant, vase, le tout dans une couronne de laurier. AR. 9.
862. —— Même tête. ℞. Même lég. et type. ΣΕΥΘΗΣ. AR. 9.
863. —— Même tête. ℞. *Id.* ΣΤΡΑΤΩΝ. AR. 10.
864. —— Même tête. ℞. *Id.* ΔΗΜΗΤΡΙΟΣ. AR. 10.
865. —— Même tête. ℞. *Id.* ΚΑΛΛΙΑΣ. AR. 8.
866. *Elaea.* Tête de Pallas. ℞. ΕΛΑΙ dans une couronne de laurier. AR. 1.
867. *Myrhina.* Tête d'Apollon. ℞. ΜΥΡΙΝΑΙΩΝ. Femme debout tenant une patère, et une branche ornée de bandelettes, à ses pieds un vase et la cortine; monogr., le tout dans une couronne de laurier. AR. 10.
868. —— Même tête. ℞. Lég. et type semblables. AR. 10.
869. —— Même tête. ℞. Semblable; monogr. différent. AR. 10.
870. —— Autre semblable. ℞. Monogr. différent. AR. 10.
871. —— Autre semblable. ℞. Monogr. différ. AR. 10.
872. —— Autre. ℞. Monogr. différ. AR. 2.
873. *Temnus.* ΙΕΡΑ. ΣΥΝΚΛΗΤΟΣ. Tête juvenile. ℞. Ε ΣΤΑΤ. ΣΤΡΑ... ΤΟΝΕΙ ΚΙΑΝΟΥ. ΤΗΜΝΕΙΤΩΝ. Deux Némésis debout. Æ. 6.

LESBUS.

874. *Lesbus, île.* Carré creux. ℞. Satyre poursuivant une femme. AR. 4.

ASIE. *LESBUS.*

875. —— L'aire en creux. ℞. Même type. AR. 4.
876. —— Autre presque semblable. AR. 5.
877. —— Satyre à genoux tenant une femme. ℞. L'aire divisée en quatre parties. AR. 5.
878. —— Autre presque semblable. AR. 6.
879. —— L'aire semblable. ℞. ΩΡΝΙΚΙΩΝ rétrograde. Centaure à genoux tenant une femme dans ses bras. AR. 4.
880. —— Autre. AR. 4. ⎱
881. —— Autre. AR. 4. ⎬ Chacune avec quelques différences.
882. —— Autre. AR. 4. ⎰
883. —— ΛΕΣΒΙΟΝ. rétrograde. Même type. ℞. Même lég.; casque au milieu d'un carré. AR. 6.
884. *Antissa.* Tête virile imberbe. ℞. ΑΝΤΙ. Tête avec une barbe terminée en pointe, tête de bélier. Æ. 3. *Peller.*
885. *Eresus.* Tête de Cérès. ℞. ΕΡ en monogr. dans une couronne d'épis. AR. 3.
886. *Methymna.* Tête de Pallas dans un carré. ℞. ΜΕΤΥΜΝΑΙΟΝ. Sanglier. AR. 5. *Peller.*
887. *Mytilène.* Tête d'Apollon. ℞. ΜΥΤΙ. Lyre et un serpent dans un carré, indiqué par quatre lignes. AR. 6.

IONIE.

888. *Colophon.* Tête de femme. ℞. Dans un carré ΚΟΛΟΦΩΝΙΟΝ. Lyre. AR. 3.
889. *Clazomène.* ΚΛΑΖΟΜΕΝΙΩΝ; monogr. dans un carré. ℞. ΣΙΜΩΝ. Partie antérieure d'un sanglier ailé. Æ. 3.
890. —— Tête d'Apollon de face. ℞. ΚΛΑ. ΛΕΥΚΑΙΟΣ. Monogr., cygne. AV. 3.
891. —— Même tête. ℞. ΚΛΑΖΟΜΕΝΙΩΝ. Cygne. AR. 2.
892. *Ephesus.* Aire en creux. ℞. ΕΦ. Abeille. AR. 2.
892 *bis.* —— Abeille. ℞. ΦΕΡΑΙΟΣ. Moitié d'un cerf couché, palmier. AR. 5.
893. —— Tête de Diane. ℞. ΕΦΕΣΙΩΝ. Diane d'Ephèse entre un cerf et une abeille. AV. 5. *Peller.*
894. —— *Cistophore.* ΕΦΕ. Deux serpens entrelacés autour d'un carquois, flambeau. ΣΩΠΑΤΡΟΣ. ΑΡΧ. ℞. Ciste dans une couronne de lierre. AR. 7.
895. *Erythrae.* Tête d'Hercule. ℞. ΕΡΥ ΑΠΕΛΑΣ. Arc, carquois, massue et chouette. AR. 3.
896. —— Même tête. ℞. ΕΡΥ. ΑΡΙΣΤΕΑΣ. Même type. AR. 3.
897. —— Même tête. ℞. ΕΡΥ. ΔΙΟΝΥΣΙΟΣ. Même type, *diota.* AR. 3.
898. —— Même tête. ℞. ΕΡΥ. ΦΑΝΝΟΘΕΜΙΣ. Même type. AR. 3.

ASIE. IONIE.

899. *Lebedus.* Tête de Pallas. ℞. ΛΕΒΕΔΙΩΝ ΑΘΗΝΑΙΟΣ. Chouette sur une massue entre deux cornes d'abond. dans une couronne de laurier. AR. 8.

900. —— Même tête. ℞. ΛΕΒΕΔΙΩΝ ΞΗΝΩΝ. Même type. AR. 8. *Peller.*

901. *Magnesia.* Tête de Diane. ℞. ΜΑΓΝΗΤΩΝ. ΕΥΦΗΜΟΣ ΠΑΥΣΑΝΙΟΥ. Apollon debout sur le Méandre adossé à un trépied dans une couronne de laurier. AR. 9.

902. —— Même tête. ℞. ΜΑΓΝΗΤΩΝ. ΞΡΟΓΝΗΤΟΣ ΙΩΠΥΡΙΩΝΟΣ. Même type. AR. 9.

903. —— Tête de Jupiter. ℞. ΜΑΓΝΗΤΩΝ. Femme assise sur une proue de vaisseau tenant un arc; deux monogr. AR. 4.

904. *Metropolis.* Tête de Pallas. ℞. ΜΗΤΡΟΠΟΛΙΤΩΝ. Un foudre. Æ. 3. *Peller.*

905. *Miletus.* Tête d'Apollon. ℞. ΜΙ en monogr. ΜΝΗΣΙΘΕΟΣ. Lion regardant un astre. AR. 3.

906. —— Même tête. ℞. ΜΗΤΡΟΔΩΡΟΣ. Même type. AR. 3.

907. —— Même tête. ℞. ΟΡΝΥΜΕΝΟΣ. Même type. AR 3.

908. —— Même tête. ℞. ΠΡΟΞΕΝΟ. Même type. AR. 3.

909. —— Même tête. ℞. ΙΟΠΟΜΠΟ. Même type. AR. 3.

910. *Phocaea.* Chien sur un poisson. ℞. Aire carrée divisée en quatre parties. AV. 4.

911. —— Tête de Mercure. ℞. ΦΩ ΙΣΙΔΩΡΟΣ. Moitié d'un griffon. Æ. 3. *Mus. Caes.*

912. *Priene.* Tête de Pallas. ℞. ΠΡΙΗ ΑΡΣΑΓ au milieu du Méandre. Æ. 3.

913. —— Même tête. ΠΡΙΗ ΘΡΑΣΥ. dans le Méandre. Æ. 3.

914. *Smyrna.* Tête tourrelée. ℞. Dans une couronne de chêne ΣΜΥΡΝΑΙΩΝ. Monogr. AR. 9.

915. —— Même tête. ℞. Dans la couronne ΣΜΥΡΝΑΙΩΝ. ΗΡΑΚΛΕΙΔΟΥ. Lion et monogr. AR. 9.

916. —— Même tête. ℞. ΣΜΥΡΝΑΙΩΝ ΗΡΑΚΛΕΙΔΗΣ. Même type. AR. 9.

917. —— Même tête. ℞. ΣΜΥΡΝΑΙΩΝ. ΜΗΤΡΟΒΙΟΣ. ΒΑΥΣ. Même type. Æ. 9.

918. —— Tête tourrelée. ℞. .... ΥΡΜΑΙ. ΠΡΥΤΑΝΕΙΣ. Femme voilée et tourrelée debout tenant une Victoire, et appuyée sur une colonne. AV. 4. *Seguin. Num. sel.* 32.

919. *Antinoüs.* ΑΝΤΙΝΟΟΥ ΗΡΩΣ. Tête d'Antinoüs. ℞. ΠΟΙC ΠΟΛΕΜΩΝ. ΑΝΕΘΗΚΕ ΣΜΥΡΝΑ. Bœuf. Æ. 11.

920. *Teos, péninsule.* Griffon, grappe de raisin. ℞. Aire en creux divisée en quatre parties. AR. 5.

921. —— ΤΗ. Griffon; tête de femme. ℞. L'aire. Æ. 3.

922. —— *Octavie.* ΟΚΤΑΟΥΙΑΝ. Tête d'Octavie, femme de

Néron. ℞. ΤΗΩΝ. ΝΕΡΩΝ. Tête de Néron dans un temple distyle. Æ. 4.

923. *Chios*, île. Sphinx assis; devant *diota* et grappe de raisin. ℞. ΙΠΠΙΑΣ. dans une aire indiquée par des lignes. AR. 3.

924. —— ΧΙΩΝ. Apollon et Bacchus debout; autel au milieu. ℞. ΤRΙΑ. ΑϹϹΑΡΙΑ. Sphinx pied dr. sur une proue. Æ. 9.

925. *Samus*, île. Tête de Junon. ℞. ΣΑΜΙΩΝ. Pan, avec un sceptre, deux monogr. Æ. 4.

CARIE.

926. *Alabanda*. Tête d'Apollon. ℞. ΑΛΑΒΑΝΔΕΩΝ ΔΙΟΓΕΝΗΣ. Pégase. AR. 10. *Peller. Mel. p. 4.*

927. —— *Britannicus*. ΚΛΑΥΔΙΟΣ. ΒΡΕΤΑΝΝΙΚΟΣ ΚΑΙϹΑΡ. Tête de Britannicus. ℞. ΑΛΑΒΑΝΔΕΩΝ. Homme debout tenant un vase, à ses pieds un cerf. Æ. 6.

928. *Alinda*. Tête d'Hercule. ℞. ΑΛΙΝΔΕΩΝ. Dépouille du lion suspendue à une massue dans une couronne de laurier. Æ. 4. *Peller.*

929. *Antiochia*. Tête d'Apollon. ℞. ΑΝΤΙΟΧΕΩΝ. ΤΙΜΟΚΛΗΣ. Pégase. AR. 8.

930. *Aphrodisias*. ΑΦΡΟΔΙϹΙΕΩΝ. ΠΛΑΡΑΣΕΙΩΝ. Α. ΤΨΙΚΛΗ. ΑΔΡΑΣΤΟΥ. Aigle sur un foudre. ℞. Tête de femme voilée. AR. 4. *Peller. Add. 45.*

931. —— ΙΕΡΑ ΒΟΥΛΗ. Tête de femme voilée. ℞. ΑΦΡΟΔΙϹΙΕΩΝ. L'Amour tenant un flambeau. Æ. 4.

932. —— Même lég. et tête. ℞. Même lég.; l'Amour appuyé sur un flambeau renversé. Æ. 5.

933. *Apollonia*. Tête de femme laurée. ℞. ΑΠΟΛΛΩΝΙΑΤΩΝ ΔΡΟΣ. Aigle sur une branche de laurier. Æ. 5. *Peller.*

934. —— ΑΛΕΞΑ. ΚΤΙϹ. ΑΠΟΛΛΩΝΙΑ. Tête d'Hercule. ℞. ΟΦΟΡΑϹ. Fleuve couché. Æ. 8. *Theupoli.*

935. —— Même lég. et même tête. ℞. ΑΠΟΛΛΩΝΙΑΤΩΝ. Κ. ΑΥΚΙΑΔΕΩΝ ΟΜΟΝΟΙΑ. Deux femmes tourrelées debout se donnant la main. Æ. 8.

936. *Bargasa*. ΔΗΜΟϹ. Tête imberbe laurée. ℞. ΒΑΡΓΑϹΗΝΩΝ. Fortune debout. Æ. 5. *Peller.*

937. *Cnidus*. Tête de Vénus dans un carré. ℞. Partie antérieure d'un lion. AR. 3.

938. —— ΚΝΙ. Même tête dans le carré. ℞. Même type. AR. 3.

939. —— Tête de Vénus. ℞. ΑΓΑΘΟΥ. Même type. AR. 3.

940. —— Même tête. ℞. ΚΝΙ. ΑΥΤΟΚΡΑΤΗΣ. Même type. AR. 3. *Peller.*

941. —— Même tête. ℟. ΚΝΙΔΙΩΝ. ΕΤΔΩΡΟΣ. Même type. AR. 3.
942. —— Même tête. ℟. ΚΝΙ. ΛΕΣΙΦΡΩΝ. Même type. AR. 3.
943. —— Même tête. ℟. ΚΝΙ. Même type. AR. 3.
944. *Cyon.* Tête de Diane. ℟. ΚΥΙΤΩΝ. *Pedum* et carquois dans une couronne de laurier. Æ. 3. *Peller.*
945. *Eriza.* ΚΑΟC. Tête de Jupiter. ℟. ΕΡΙ. Soldat marchant. Æ. 3. *Peller.*
946. *Halicarnassus.* ΑΛΙΚΑΡ. Tête de Pallas. ℟. Tête imberbe de face. Æ. 5. *Peller.*
947. *Harpasa.* ΙΕΡΑ. CΥΝΚΛΗΤΟC. Tête juvenile nue. ℟. ΑΡΠΑ‑ΣΗΝΩΝ. Bacchus debout. Æ. 4. *Peller.*
948. *Heraclea.* ΗΡΑΚΛΙΑ. Buste de femme tourrelée tenant un sceptre. ℟. ΗΡΑΚΛΕΩΤΩΝ. Mercure debout. Æ. 4. *Peller.*
949. *Hydrela.* ΥΔΡΗΛΕΙΤΩΝ. Buste de Pallas. ℟. ΑΠΕΛΛΑC. ΑΝΕΘΗΚΕ. Mercure debout. Æ. 3. *Peller.*
950. *Iasus.* Têtes accollées d'Apollon et de Diane. ℟. ΙΑΣΕΩΝ. Enfant sur un dauphin. Æ. 5. *Peller.*
951. *Mylasa.* Cheval marchant. ℟. ΜΥΛΑΣΕΩΝ. Bipenne, cou‑ronne de laurier. Æ. 3. *Peller.*
952. *Mynda.* Tête de Jupiter. ℟. ΜΥΝΔΙΩΝ. ΜΗΝΟΔΩΡΟC. Lotus. AR. 4. *Peller.*
953. *Nysa.* Têtes accollées de Jupiter et Junon. ℟. ΝΥΣΑ. Bacchus debout. Æ. 3. *Peller.*
954. *Orthosia.* ΟΡΘΟΣΙΕΩΝ. Tête de Bacchus. ℟. Panthère et thyrse. Æ. 3. *Peller.*
955. *Pyrnus.* Tête d'Apollon de face. ℟. ΠΥΡΝΕΩΝ. Coquille. Æ. 3. *Peller.*
956. *Stratonicea.* CΤΡΑΤΟΝΙΚΕΩΝ. Autel allumé entre deux flambeaux. ℟. ΕΠΙ. CΑ. ΘΕΟΜΟΥ. Bellérophon condui‑sant Pégase. Æ. 4. *Peller.*
957. —— ΘΕΟΝ. CΥΝΚΛΗΤΟΝ. Tête juvenile. ℟. ΘΕΑΝ. ΡΩΜΗΝ. Tête tourrelée. Æ. 4.
958. *Taba.* ΤΑΒΗΝΩΝ. Tête de Bacchus. ℟. ΚΑΛΛΙΚΡΑΤΗΣ. Bonnets des Dioscures sur un autel. Æ. 4.
959. —— ΙΕΡΟC. ΔΗΜΟC. Β. Tête juvenile laurée. ℟. ΤΑΒΗΝΩΝ. Fortune debout. Æ. 6. *Peller.*
960. *Trapezopolis.* ΔΗΜΟC. ΤΡΑΠΕΖΟΠΟΛΙΤΩΝ. Tête juvenile laurée. ℟. ΔΙΑ ΤΙΦΑ ΛΥΚΙΟΥ. Cybèle debout entre deux lions. Æ. 6.
961. —— ΤΡΑΠΕΖΟΠΟΛΙΤΩΝ. Tête de Pallas. ΔΙΑ ΠΟΛΙ. ΑΔΡΑC‑ΤΟΥ. Bœuf cornupète. Æ. 3.
962. *Tripolis.* CΥΝΚΛΗΤΟC. Tête juvenile. ℟. ΤΡΙΠΟΛΕΙΤΩΝ. ΜΑΙΑΝΔΡ.... Fleuve assis. Æ. 9.

ROIS DE CARIE.

963. *Maussolus.* Tête du soleil de face. ℞. ΜΑΥΣΣΩΛΛ. Jupiter Labrandensis debout. AR. 6.
964. —— Même tête. ℞. Même lég. et type. AR. 6.
965. —— Même tête. ℞. Lég. et type semblables. AR. 3.
966. *Idrieus.* Tête du soleil de face. ℞. ΙΔΡΙΕΩΣ. Même type. AR. 6.
967. *Pixodarus.* Tête d'Apollon. ℞. ΠΙΞΩΔ.... Même type. AV. 1. *Peller.*
*968. —— Tête du soleil de face. ℞. ΠΙΞΩΔΑΡΟΥ. Même type. AR. 5.
969. *Othontopates.* Tête du soleil de face. ℞. ΘΟΝΤΟΠΑΤΟ. Même type. AR. 6. *Eckhel. Doctr. Num. Vet. II.* 597.

ISLES DE CARIE.

970. *Cos.* Tête d'Hercule jeune. ℞. ΚΩΙΟΝ. ΚΛΕΙΝΟΣ. Crabe et carquois dans un carré indiqué par un grainetis. AR. 6.
971. —— Tête *id.* ℞. ΚΩΙΟΝ. ΝΙΚΩΝ. Crabe et massue. AR. 5.
972. *Nysiros.* Tête de femme laurée. ℞. ΝΙ. Dauphin, grappe de raisin. Æ. 2. *Peller.*
973. —— A. Tête de bœuf. ℞. ΝΙ. ΑΡΙ. Dauphin. Æ. 4. *Pell.*
974. *Rhoda.* Tête du soleil de face. ℞. ΡΟΔΙΟΝ. Rose, trident et la lettre ⊓ dans un carré. AR. 6.
975. —— Tête du soleil. ℞. ΡΟ. ΜΝΑΣΙΜΑΧΟΥ. Même type, Pallas debout. AR. 5.
976. —— Tête radiée de profil. ℞. Dans un carré ΡΟ ΠΑΗΣ. Rose. AR. 3.
977. *Astyra.* Tête du soleil de face. ℞. ΑΣΤΥ. Vase d'où sortent des fleurs, autre petit vase. Æ. 3. *Peller.*
978. *Telos.* Tête de Jupiter laurée. ℞. ΤΕΛΙ. Crabe. Æ. 3. *Peller.*

LYCIE.

979. *Cragus.* Tête d'Apollon. ℞. ΛΥΚΙΩΝ ΚΡΑΓ. Lyre dans un carré. AR. 3. *Peller.*
980. *Massicytes.* Tête de femme laurée. ℞. ΛΥΚΙΩΝ ΜΑΣ. Lyre dans un carré. AR. 3. *Peller.*
981. *Olympus.* Tête d'Apollon. ℞. ΟΛΥΜ. Lyre, flambeau et vase dans le carré. AR. 3. *Peller.*
982. *Patara.* (Gordien) ΠΑΤΑΡΕΩΝ. Apollon debout tient une branche de laurier, entre un corbeau posé sur un

globe et un trépied, au-dessus duquel s'élance un serpent. Æ. 8.

983. *Phaselis.* Tête du soleil sur une proue de vaisseau. ℞. ΝΙΚΑΝΔ. ΦΑΣΗ. *Aplustre.* AR. 5.

984. *Xanthus.* Tête de Jupiter laurée. ℞. ΞΑΝ-ΔΗΜΟ. Double corne d'abond. Æ. 3. *Peller.*

PAMPHILIE.

985. *Attalia.* Deux têtes casquées accollées. ℞. ΑΤΤΑΛΕΩΝ. Victoire marchant. Æ. 4.

986. —— Tête de Neptune, trident. ℞. Même lég., homme nu marchant. Æ. 3. *Peller.*

987. *Etenna.* ΕΤΕ. Socle d'une charrue. ℞. Femme debout, caressée par un serpent; vase. Æ. 3. *Peller.*

988. *Isindus.* Tête barbue. ℞. ΙΣΙΝΔΕΩΝ. Cavalier. Æ. 4.

989. *Perga.* Tête de Diane. ℞. ΑΡΤΕΜΙΔΟΣ ΠΕΡΓΑΙΑΣ. Diane debout tenant une couronne, cerf à ses pieds. AR. 8.

990. —— Même tête. ℞. ΑΡΤΕΜΙΔ ΠΕΡΓΑΙ. Même type. AR. 7.

991. *Side.* Tête de Pallas. ℞. ΔΕΙΝΟ. Victoire tenant une couronne; dans le champ la grenade. AR. 8.

992. —— Même tête. ΣΑΛΗ dans une contremarque; arc et carquois. ℞. ΔΕΙΝΟ. Même type. AR. 8.

993. —— Même tête; ΤΡΑ. Arc et carquois dans la contremarque. ℞. ΔΗΜ. Même type. AR. 8.

994. —— Tête de Pallas sans contremarque. ℞. ΣΙ. Même type. AR. 8.

995. —— Même tête. ℞. ΑΡ. Même type. AR. 8.

996. —— Autre. ℞. ΧΙΥ. Même type. AR. 8.

997. —— Autre. ℞. Monogr. ΠΑ. Même type. AR. 8.

998. —— Autre semblable. ℞. ΔΙΟΔ. Même type. AR. 8.

PISIDIE.

999. *Oranda.* Tête d'Apollon laurée. ℞. ΟΡΑΝΔΕΩΝ. Aigle dans une couronne de laurier. Æ. 5. *Peller.*

1000. *Sagalassus.* Tête de Jupiter. ℞. ΣΑΓΑΛΑΣΣΕΩΝ. Victoire tenant une couronne. AR. 6. *Sestini Lettere.* T. II. pag. 197. pl. III. n°. 59.

1001. *Samdalium.* Tête de Pallas. ℞. ΣΑΜΔΑΛΙ. Quatre croissans. Æ. 3. *Peller.*

1002. *Selge.* Mars armé combattant. ℞. ΕΣΓΕ. Trinacria dans un carré. AR. 4.

1003. —— Même type. ℞. ΕΣΤ. Trinacria, et tête d'aigle. AR. 4.

ASIE. *PISIDIE.*

1004. —— κι. Deux lutteurs. ℞. ΕΣΤΕΕΛΙΙΤΣ. Homme debout tendant un cordage, Trinacria dans un carré indiqué par un grainetis. AR. 6.
1005. —— πο. Même type. ℞. Même lég., même type, astre et moitié d'un cheval. AR. 6.
1006. —— Même type. ℞. ΕΣ.....ΙΙΤΣ. Même type, Trinacria et quatre contremarques. AR. 6.
1007. *Termessus.* Tête de Jupiter. ℞. κα. τερ. Cheval au galop. Æ. 4. *Peller.*
1008. —— ΤΕΡΜΗΣΣΕΩΝ. Θ. Tête de Jupiter. ℞. ΤΕΡΜΗΣΣΕΩΝ. Victoire couronnant la Fortune. Æ. 8.

ISAURIE.

1009. *Lalassis.* ΛΑΛΑ. Fortune debout ℞. ΙΝΤΙΜ ΛΑΛΑΣ. Cérès debout. Æ. 4. *Peller.*

LYCAONIE.

1010. *Iconium.* Tête de Bacchus, flambeau. ℞. ΙΚΟΝΙ ΜΕΝΕΤΕΙΟC. Persée tenant la tête de Méduse et une épée. Æ. 3. *Peller.*
1011. —— Tête de Persée casquée. *Harpa.* ℞. ΙΚΟΝΙΕΩΝ. ΜΕΝΕΔΕΛΟC. Homme assis. Æ. 4. *Peller.*

CILICIE.

1012. *Aegae.* Tête de femme tourrelée. ℞. ΑΙΓΕΑΙΩΝ ΤΗΣ ΙΕΡΑΣ. Tête de cheval, monogr. Æ. 5.
1013. *Alexandria.* Tête de femme tourrelée. ΑΛΕΞΑΝΔΡΕΩΝ ΖΡ. Fortune debout. Æ. 4. *Peller.*
1014. *Anemurium.* Tête de femme voilée et tourrelée. ℞. ΑΝΕΜΟΥΡΙΕΩ. Apollon debout appuyé sur une colonne et tenant un arc. Æ. 6. *Peller.*
1015. *Antiochia.* Tête de femme voilée. ℞. ΑΝΤΙΟΧΕΩΝ ΤΩΝ ΠΡΟΣ. ΤΩΙ. ΣΑΡΩΙ. Cheval. Æ. 4. *Peller.*
1016. *Augusta.* Tête de femme. ℞. ΑΥΓΟΥΣΤΑΝΩΝ. Capricorne. Æ. 3. *Peller.*
1017. *Celenderis.* Aire carrée en creux. ℞. Cavalier. AR. 4.
1017 bis. —— L'aire en creux. ℞. Bouc couché. AR. 4.
1018. —— ΚΕΛ Α. Cavalier. ℞. Bouc couché. AR. 5.
1019. —— Α. Même type. ℞. ΚΕΛΕΝ. Bouc et une feuille. AR. 5.
1020. —— ΚΕΛΕΝ. Même type. ℞. Cavalier. AR. 5.

ASIE. CILICIE.

1021. *Corycus.* Tête de femme tourrelée. A. ℞. ΚΩΡΥΚΙΩΤΩΝ. Mercure debout. Æ. 5.
1022. *Hieropolis.* Tête de femme tourrelée. E. ℞. ΙΕΡΟΠΟΛΙΤΩΝ. ΤΩΝ. ΠΡΟΣ. ΤΩ ΠΥΡΑΜΩ. Femme assise. Æ. 5.
1023. *Lacanatae.* Tête de femme voilée. ℞. ΛΑΚΑΝΑΤΩΝ. Lyre. *Peller.* Æ. 3.
1024. *Mallus.* Tête de femme. ℞. ΜΑΛΛΩΤΩΝ. Tête avec un casque à mentonière, bœuf dans un carré. AR. 5. *Peller.* Æ. 3.
1025. *Megarsus.* Tête de femme voilée et tourrelée. ℞. ΜΕΓΑΡΣΩΝ. ΤΩΝ. ΠΡΟΣ. ΤΩ. ΠΥΡΑΜΟ. Fleuve sortant des eaux tenant un oiseau. Æ. 5. *Peller.*
1026. *Mopsus.* Tête de femme tourrelée. ℞. ΜΟΨΕΑΤΩΝ ΤΗΣ ΙΕΡΑΣ. ΚΑΙ. ΑΥΤΟΝΟΜΟΥ. Jupiter assis. Æ. 5.
1027. *Nagidus.* Vénus assise tenant une patère, devant un autel derrière un Amour; bœuf dans une contremarque. ℞. ΝΑΓΙΔΕΩΝ. Jupiter debout tient un sep de vigne et la haste. ΠΑΡ. AR. 4.

PRÊTRES ET PRINCES D'OLBA.

1028. *Polemon.* Μ. ΑΝΤΩΝΙΟΥ. ΠΟΛΕΜΩΝΟΣ. ΑΡΧΙΕΡΕΩΣ. Tête nue de Polemon. ℞. ΚΕΝΝΑΤ. ΔΥΝΑΣΤΟΥ. ΟΛΒΕΩΝ. ΤΗΣ. ΙΕΡΑΣ. ΚΑΙ. ΛΑΛΑΣΣΕΩΝ. ΙΑ. Chaise; triquètre. Æ. 6.
1029. *Ajax.* ΑΙΑΝΤΟΣ ΤΕΥΚΡΟΥ. Tête d'Ajax, caducée. ℞. ΑΡΧΙΕΡΕΩΣ. ΤΟΠΑΡΧΟΥ. ΚΕΝΝΑΤΩ ΛΑΛΑΣ. ΕΤ. Α. Triquètre. Æ. 5. *Peller.*
1030. *Seleucia.* Tête de Pallas, monogr. ℞. ΣΕΛΕΥΚΕΩΝ. ΤΩΝ. ΠΡΟΣ. ΤΩΙ. ΚΑΛΥΚΑΔΝΩΙ. ΑΘΕ. Victoire marchant, monogr. Æ. 6. *Peller.*
1031. *Solus.* ΣΟ. Grappe de raisin dans un carré. ℞. Homme, un genou en terre, tend un arc; arc et carquois pendus à son côté. AR. 5.
1032. —— Tête d'Hercule. ℞. ΣΟΛΗ. Tête barbue voilée. AR. 5.
1033. —— Tête de Pallas. ℞. ΣΟΛΕΩΝ. ΞΗ. Grappe de raisin et chouette. AR. 5.
1034. —— Même tête. ℞. ΣΟΛΕΩΝ ΑΙ. ΡΕ. Grappe de raisin, lion dans un carré. AR. 6.
1035. —— Tête casquée. ℞. ΣΟΛΕΩΝ ΣΑ. Grappe de raisin dans un carré. AR. 5.
1036. *Pompeiopolis.* ΠΟΜΠΗΙΟΠΟΛΙΤΩΝ. ΘΚΣ. Figure barbue debout vêtue du pallium. ℞. Jupiter, assis, tient une Victoire. Æ. 9.

ASIE. *LYDIE.*

1037. —— ΘΚC. Tête de philosophe. ℞. Tête barbue. Æ. 6.
1038. *Tarsus.* Tête de femme tourrelée. ℞. ΤΑΡΣΕΩΝ Δ. ΑΣ. Apollon, assis sur la cortine, tient une lyre. AR. 8. *Peller. Lettres.*
1039. —— ΤΕΡΣΙΚΟΝ. Tête de femme couronnée de fleurs. ℞. Hercule étouffant le lion. AR. 5.
1040. *Zephyrium.* Homme nu debout, tenant un cheval. ℞. ΖΕΦΥΤ. Fleur dans un carré. AR. 3.
1041. *Sebaste.* Tête de Jupiter. ℞. ΣΕΒΑΣΤΗΝΩΝ ΤΡΟΜΩΝ. Tête de serpent au bout d'un bâton. Æ. 4.

ROIS DE CILICIE.

1042. *Tarcondimotus 1.* Tête imberbe diadêmée. ℞. ΒΑΣΙΛΕΩΣ ΤΑΡΚΟΝΔΙΜΟΤΟΥ. Λ. ΑΝΤΩΝΙΟΥ. Jupiter assis. Æ. 5. *Maffei Ant. Gall. p. 14.*

CHYPRE.

1043. *Salamis.* ΣΑ. Tête de bœuf. ℞. Mufle de lion de face. AR. 5.

LYDIE.

1044. *Apollonidea.* ΑΠΟΛΛΩΝΙΔΕ. Tête de femme. ℞. ΙΕΡΑ ϹΥΝΚΛΕΤΟϹ. Tête juvenile. Æ. 3.
1045. *Bagae.* ΔΗΜΟϹ ΒΑΓΗΝΩΝ. Tête juvenile laurée. ℞. ΕΠΙ.... ΟΥ ΑΡΧ. ΒΑΓΗΝΩΝ. Jupiter debout. Æ. 7.
1046. *Blaundus.* ΔΗΜΟϹ. ΒΛΑΥΝΔΕΩΝ. Même tête. ℞. ΒΛΑΥΝΔΕΩΝ ΜΑΚΕ. ΙΠΠΟΥΡΙΟϹ. Fleuve couché. Æ. 7.
1047. *Caustriani.* Tête de femme. ℞. ΚΑΥΣΤΡΙΑΝΩΝ. Dépouille du lion sur la massue d'Hercule. Æ. 2. *Peller.*
1048. *Dios-Hieron.* ΔΗΜΟϹ. Tête barbue laurée. ℞. ΔΙΟϹΙΕ-ΡΕΙΤΩΝ. Æsculape debout. Æ. 4. *Peller.*
1049. *Hermocapelia.* ΕΡΜΟΚΑΠΗΛΑΙΤΩΝ. Tête de femme tourrelée. ℞. ΘΕΩΝ ϹΥΝΚΛΗΤΩΝ. Tête juvenile. Æ. 3.
1050. *Hierocaesarea.* ΠΕΡϹΙΚΗ. Buste de Diane. ℞. ΙΕΡΟΚΑΙ-ϹΑΡΕΩΝ. Autel allumé. Æ. 3. *Peller.*
1051. *Hypaepa.* ΕΠΙ. ΦΙΛΟΜΗΛΟΥ. Tête d'Hercule. ℞. ΥΠΑΙ-ΠΗΝΩΝ. Æsculape debout. Æ. 4. *Peller.*
1052. —— ΙΕΡΑ ϹΥΝΚΛΗΤΟϹ. Tête juvenile. ℞. ΥΠΑΙ. Fleuve couché. Æ. 5.
1053. *Hyrcania.* Tête d'Hercule. ℞. ΥΡΚΑΝΩΝ. Lion. Æ. 2.
1054. *Julia Gordus.* ΓΟΡΔΟϹ. Tête de femme tourrelée. ℞. ΘΕΟΝ ϹΥΝΚΛΗΤΟΝ. Tête juvenile. Æ. 3.

1055. *Maeonia.* ΜΑΙΟΝΩΝ. Tête de Pallas. ℞. ΕΠΙ. ΔΗΜΗΤΡΙΟΥ. Cérès debout. Æ. 5.
1056. *Magnesia.* ΜΑΡΚΟΣ ΚΙΚΕΡΩΝ. Tête virile imberbe (peut-être de Cicéron). ℞. ΜΑΓΝΗΤΩΝ. ΤΩΝ. ΑΠΟ. ΣΙΠΥΛΟΥ. ΘΕΟΔΩΡΟΣ. Bras tenant une couronne, branche de laurier, épi, cœur. Æ. 6.
1057. *Mastaura.* ΜΑΣΤΑΥΡΕΙΤΩΝ. Femme debout avec une corne d'abond. et une patère. ℞. ΑΖΩΥ. Apollon debout appuyé sur sa lyre. Æ. 4. *Peller.*
1058. *Mostene.* ΔΗΜΟΣ. Tête imberbe laurée. ℞. ΜΟΣΤΗΝΩΝ. Cavalier, autel et cyprès. Æ. 6. *Peller.*
1059. *Nacrasa.* ΕΠΙ. ΣΤΡΑ. ΜΑΡ. ΙΟΥΝΙΑΝΟΥ. Tête d'Hercule. ℞. ΝΑΚΡΑΣΙΤΩΝ. Serpent. Æ. 3.
1060. *Philadelphia.* ΖΕΥΣ. ΚΟΡΥΦΑΙΟΣ. Tête de Jupiter nue. ℞. ΦΙΛΑΔΕΛΦΕΩΝ. Femme debout. Æ. 5.
1061. —— Tête de Jupiter diadêmée. ℞. Même lég.; lyre dans une couronne de laurier. Æ. 4.
1062. *Saetteni.* Tête coiffée du bonnet phrygien. ℞. ΣΑΙΤ-ΤΗΝΩΝ. Figure nue debout. Æ. 4.
1063. *Sardes.* (*Cistophore*). Ciste dans la couronne de lierre. ℞. ΣΑΡ. Deux serpens autour d'un carquois; petite figure et monogr. AR. 7.
1064. —— Tête d'Hercule jeune. ℞. ΣΑΡΔΙΑΝΩΝ. Arc, carquois et massue, mouche. Æ. 4.
1065. —— ΚΑΙΣΑΡ ΣΕΒΑ. Tête nue d'Auguste. ℞. Dans une couronne de chêne. ΣΑΡΔΙΑΝΩΝ. ΟΠΠΝΑΣ. ΑΚΙΑΜΟΣ. Æ. 4.
1066. *Silandus.* ΕΔΕΝΟ. Tête barbue nue. ℞. ΣΙΛΑΝΔΕΩΝ. Lion marchant. Æ. 4. *Hunter.*
1067. *Tabala.* ΙΕΡΑ. ΣΥΝΚΛΗΤΟΣ. Tête juvénile nue. ℞. ΤΑΒΑ-ΛΕΩΝ. ΕΡΜΟΣ. Fleuve couché. Æ. 5. *Peller.*
1067 bis. —— Tête barbue. ℞. ΤΑΒΑΛΕΩΝ. Crabe; croissant. Æ. 3.
1068. *Temenothyrae.* ΔΗΜΟΣ. Tête barbue. ℞. ΤΗΜΕΝΟΘΥΡΕΩΝ. Jupiter assis. Æ. 4. *Peller.*
1069. *Thyatira.* ΙΕΡΑ ΣΥΝΚΛΗΤΟΣ. Tête juvénile. ℞. ΘΥΑΤΕΙ-ΡΗΝΩΝ. Cérès debout. Æ. 6.
1070. —— Buste de Pallas avec lance et égide. ℞. Même lég.; Fortune debout. Æ. 5.
1071. *Thyessus.* Tête de femme. ℞. ΘΥΕΣΣΕΩΝ. Fer de lance. Æ. 3. *Peller.*
1072. *Tralles.* (*Cistophore*). Ciste et serpent dans une couronne de lierre. ℞. ΤΡΑΛ ΠΤΟΛ. Les deux serpens autour d'un carquois; figure debout. AR. 6.

PHRYGIE.

1073. *Acmonia.* Tête de Jupiter. ℞. ΑΚΜΟΝΕ ΘΕΟΔΟΤ. ΔΕΙΟΤΑΣ. Æsculape debout. Æ. 4. *Peller.*

1074. —(Agrippine jeune) ΕΠΙ. ΣΕΡΟΤΙΝΙΟΤ. ΚΑΙΠΤΩΝΟΙ. ΚΑΙ. ΙΟΤΛΙΑΣ ΣΕΟΤ. ΗΡΑΣ. ΑΚΜΟΝΕΩΝ. Diane chasseresse; nymphe portant une tête de cerf. Æ. 3.

1075. *Aezanis.* ΘΕΟΣ ϹΤΝΚΛΗΤΟϹ. Tête juvénile diadêmée. ℞. ΑΙΖΑΝΙΤΩΝ. Tête ailée. Æ. 3. *Peller.*

1076. *Alia.* ΦΡΟΤΓΙ. ΑΝΤΗϹΑΜΕΝΟΤ. Tête du dieu Lunus. ℞. ΔΗΜΟϹ. ΑΛΙΗΝΩΝ. Figure virile barbue, tenant une haste et deux épis. Æ. 4. *Peller.*

1077. *Amorium.* ΙΕΡΑ ϹΤΝΚΛΗ. Tête juvénile. ℞. ΑΜΟΡΙΑΝΩΝ. Victoire marchant. Æ. 4. *Peller.*

1078. *Ancyra.* ΘΕΑ ΡΩΜΗ. Tête tourrelée. ℞. ΑΝΚΤΡΑΝΩΝ ΕΠΙ. ΜΗΤΕΟΤ. Bacchus debout; panthère. Æ. 5.

1079. *Apamea.* (*Cistophore*). C. FAN. PONT.... M. ΑΝΤΙΘΡΟΣ. M. ΑΝΤΙΘΕ.... ΑΠΑ. Temple tétrastyle de forme ronde, supporté par deux serpens; Pallas au-dessus. ℞. Ciste dans une couronne de lierre. AR. 8.

1080. — Tête de Pallas. ℞. ΑΠΑΜΕΩΝ. ΚΟΚΟΤ. Aigle sur le Méandre entre les bonnets des Dioscures. Æ. 6.

1081. *Attaea.* ΙΕΡΟϹ. ΔΗΜΟϹ. Tête laurée. ℞. ΑΤΤΑΙΤΩΝ. Æsculape debout. Æ. 4.

1082. *Attyda.* ΔΗΜΟϹ. Tête juvénile laurée; contremarque. ℞. ΑΤΤΟΤΔΕΩΝ. Grand autel, dessus deux petits autels allumés entre trois pommes-de-pin. Æ. 5.

1083. *Cadi.* ΔΗΜΟϹ. ΙΕΡΟϹ. Tête imberbe diadêmée. ℞. ΕΠ. ΧΑΡΙΔΗΜΟΤ. ΑΡ. ΚΑΔΟΗΝΩΝ. X. Mercure debout. Æ. 8.

1084. *Cybira.* Tête de Pallas. ℞. ΚΙΒΤΡΑΤΩΝ. ΟΑΚΕΛΙ. Cavalier en course, mouche. AR. 8.

1085. *Moagetes, roi de Cybira.* ΕΤ. Tête de Diane. ℞. Ces trois lettres ΜΟΑ en monogr.; cerf marchant. Æ. 5.

1086. *Colossae.* ΚΟΛΟϹϹΗΝΩΝ. Tête de Sérapis. ℞. ΤΙΑΠΕΙ- ΡΕΔΙΟϹ. ΑΡΧΩΝ. Jupiter debout. Æ. 5. *Peller.*

1087. *Cotiaeum.* ΒΟΤΛΗ. Tête de femme voilée. ℞. ΕΠΙ. ΑΠΟΛΛΩ. ΑΡ. ΚΟΤΙΑΕΩΝ. Cybèle assise; lion. Æ. 6.

1088. *Docimeum.* ΔΟΚΙΜΟϹ. Tête juvénile laurée. ℞. ΔΟΚΙ- ΜΕΩΝ. Æsculape debout. Æ. 5.

1089. *Epictetus.* Tête de Pallas. ℞. ΕΠΙΚΤΗ. Cheval, palme et bonnet de Dioscure; deux monogr. Æ. 5.

1090. *Eucarpia.* ΕΤΚΑΡΠΕΩΝ. Tête de Mercure, caducée.

ASIE. *PHRYGIE.*

℞. ΕΠΙ Γ. ΚΛ. ΦΛΑΚΚΟΥ. Croissant supporté par une tête de bœuf, deux astres. Æ. 3. *Peller.*

1091. *Eumenia.* Tête de Jupiter. ℞. ΕΥΜΕΝΕΩΝ. dans une couronne de laurier. Æ. 3.

1092. *Hierapolis.* ΓΕΡΟΥΣΙΑ. Tête de femme laurée. ℞. ΙΕΡΑΠΟΛΕΙΤΩΝ. Cavalier armé de la bipenne. Æ. 6.

1093. —— ΛΑΙΡΒΗΝΟΣ. Tête du soleil radiée. ℞. Même lég.; Cybèle tourrelée, assise, donne à manger à un serpent; Thélesphore. Æ. 8.

1094. —— Tête nue barbue. ℞. Même. lég., femme ailée debout. Æ. 4.

1095. *Laodicea.* (*Cistophore*). La Ciste, d'où sort un serpent dans une couronne de lierre. ℞. ΞΕΤΣΙΣ. ΑΠΟΛΛΩΝΙΟΥ ΤΟΥ ΑΜΥΝΤΟΥ. ΛΑΟ. Deux serpens autour d'un carquois, caducée. AR. 8.

1096. —— ΙΕΡΑ. ΣΥΝΚΛΗΤΟΣ. Tête juvenile nue. ℞. Π ΚΑΤΤΑΛΟΣ ΕΠΙ ΝΙΚΙΟΝ. ΑΝΕΘΗΚΕΝ. ΛΑΟΔΙΚΕΟΝ. Jupiter debout. Æ. 10.

1097. *Lysias.* ΒΟΥΛΗ. Tête de femme voilée. ℞. ΛΥΣΙΑΔΕΩΝ. Bacchus debout; panthère. Æ. 5.

1098. *Nacolea.* Tête de Diane. ℞. ΝΑΚΟΛΕΩΝ. Apollon debout, tenant le *plectrum* et sa lyre. Æ. 4. *Peller.*

1099. *Philomelium.* Buste de la Victoire. ℞. ΦΙΛΟΜΗΛ. ΣΚΥΘΙ. Deux cornes d'abond. réunies; foudre, astre et croissant. Æ. 4. *Peller.*

1100. *Prymnessus.* ΜΙΔΑΣ. ΒΑΣΙΛΕΥΣ. Tête de Midas avec le bonnet phrygien. ℞. ΠΡΥΜΝΗΣΣΕΩΝ. Femme debout tourrelée tenant une balance. Æ. 5.

1101. *Sala.* ΙΕΡΑ. ΣΥΝΚΛΗΤΟΣ. Tête juvenile nue. ℞. ΕΠΙ. ΔΗΜΑ. ΣΑΛΗΝΩΝ. Femme debout appuyée sur une colonne. Æ. 5. *Peller.*

1102. *Stectorium.* ΙΕΡΑ. ΒΟΥΛΗ. Tête de femme voilée. ℞. ΣΤΕΚΤΟΡΗΝΩΝ. Hygiée debout. Æ. 5. *Peller.*

1103. *Sinaos.* ΙΕΡΑ. ΣΥΝΚΛΗΤΟΣ. Tête imberbe. ℞. ΣΥΝΑΕΙΤΩΝ. Æsculape. Æ. 3.

1104. *Synnada.* ΙΕΡΑΝ ΣΥΝΚΛΗΤΟΝ. ΣΥΝΝΑΔΩΝ. Tête juvenile diadêmée. ℞. ΔΗΜΟΣ. ΡΩΜΑΙΩΝ. Figure virile debout vêtue de la toge. Æ. 6.

1105. *Themisonium.* Tête de Sérapis. ℞. ΘΕΜΙΣΩΝΙΩΝ. Mercure debout. Æ. 4. *Peller.*

1106. *Tiberiopolis* ΙΕΡΑ. ΣΥΝΚΛ. Tête juvenile nue. ℞. ΤΙΒΕΡΙΟΠΟΛΙ. ΓΕΡΟΥ. ΒΟΥΛ. Figure debout vêtue de la toge et voilée; femme debout tenant un caducée. Æ. 5. *Peller.*

ASIE. ROIS DE CAPPADOCE.

1107. *Trajanopolis.* ΔΗΜΟC. Tête laurée. ℞. ΤΡΑΙΑΝΟ. ΤΕΙ-ΜΟΘΕ. Cybèle assise. Æ. 5.

ROIS DE GALATIE.

1108. *Bitovius.* Tête virile nue; massue. ℞. ΒΙΤΟΤΙΟ ΒΑΣΙΛΕΥΣ. Lion. Æ. 6.

1109. *Caeantolus.* Tête virile nue, massue. ℞. ΚΑΙΑΝΤΟΛΟΥ ΒΑΣΙΛΕΩΣ. Lion. Æ. 6.

CAPPADOCE.

1110. *Caesarea Eusebia.* Tête de Pallas. ℞. ΕΥΣΕΒΙΑΣ. ΑΣΤ. Aigle ailes éployées. Æ. 4. *Peller.*

1111. *Tyana.* Bizon. ℞. ΤΥΑΝΕΩΝ. Jupiter assis. Æ. 3. *Peller.*

ROIS DE CAPPADOCE.

1112. *Ariarathes IV.* Tête diadêmée. ℞. ΒΑΣΙΛΕΩΣ ΑΡΙΑΡΑΘΟΥ. Pallas assise; chouete et monogr. AR. 8. *Peller. Rois. pl.* xx. 1. *Eckhel. t.* III. *p.* 196.

1113. *Ariarathes IX.* Tête diadêmée. ℞. ΒΑΣΙΛΕΩΣ ΑΡΙΑΡΑΘΟΥ ΕΥΣΕΒΟΥΣ. ΤΑ Κ. Pallas debout. AR. 4.

1114. —— Même tête. ℞. Même lég. et type; ΑΛ et deux monogr. AR. 4.

1115. *Ariobarzanes I.* Tête diadêmée. ℞. ΒΑΣΙΛΕΩΣ ΑΡΙΟΒΑΡ-ΖΑΝΟΥ. ΦΙΛΟΡΩΜΑΙΟΥ. ΙΓ. Deux monogr.; Pallas debout. AR. 4.

1116. *Archelaüs.* Tête diadêmée. ℞. ΒΑΣΙΛΕΩΣ ΑΡΧΕΛΑΟΥ. ΦΙΛΟΠΑΤΡΙΔΟΣ. ΤΟΥ. ΚΤΙΣΤΟΥ. Κ. Massue. AR. 5. *Peller.*

ROIS D'ARMÉNIE.

1117. *Xerxes.* Tête barbue diadêmée, avec la tiare. ℞. ΒΑΣΙΛΕΩΣ ΞΕΡΞΟΥ Η. Victoire debout tenant une couronne, et un bouclier. Æ. 2. *Barthelemy. B. L. t.* XXI. *Mém. p.* 404.

1118. *Sames.* Tête du soleil radiée. ℞. ΒΑΣΙΛΕΩΣ ΣΑΜΟΥ. ΘΕΟΣΕΒΟΥΣ. ΚΑΙ. ΔΙΚΑΙΟΥ. Victoire debout. ΓΛ. Æ. 4. *Peller.*

1119. *Artavasdes.* Tête du roi avec une tiare. ℞. ΒΑΣΙΛΕΩΣ ΒΑΣΙΛΕΩΝ ....ΡΤΑΥΑΣ.... Victoire debout. Æ. 5. *Peller.*

1120. *Manisarus.* Tête avec la tiare. ℞. ΒΑΣΙΛΕΩΣ ΑΒΔΙΣΣΑΡΟΥ. Tête de cheval. Æ. 2. (*a*)

(*a*) Vaill. *Imper. Arsac. p.* 306, attribue à ce roi une médaille avec la même légende, mais avec un type différent.

ROIS DE SYRIE.

1121. *Seleucus I. Nicator.* Tête d'Hercule. ΒΑΣΙΛΕΩΣ ΣΕΛΕΥ-ΚΟΥ. Jupiter assis tenant son aigle, tête de Pallas. AR. 7.

1122. *Antiochus I. Soter.* Tête d'Antiochus diadêmée. ΒΑΣΙ-ΛΕΩΣ ΑΝΤΙΟΧΟΥ Φ. Pallas debout, tient une Victoire de la dr., et un fouet de la g.; bouclier à ses pieds. AV. 5. *Peller.*

1123. —— Tête diadêmée. ℞. ΣΩΤΗΡΟΣ. ΑΝΤΙΟΧΟΥ. Apollon nu, assis sur la cortine, tient un arc et une flèche. AR. 7. *Peller.*

1124. *Antiochus II. Deus.* Tête diadêmée. ℞. ΒΑΣΙΛΕΩΣ ΑΝΤΙΟ-ΧΟΥ. Apollon nu assis sur la cortine. Δ. AV. 5.

1125. —— Tête ceinte d'un diadême. ℞. Même lég. et même type. ΙΣ. Σ. AR. 8.

1126. —— Tête d'Antiochus diadêmée et ailée. ℞. Même lég. et même type; cheval paissant et deux monogr. AR. 9.

1127. —— Même tête sans aile. ℞. Même lég.; Hercule nu assis; deux monogr. AR. 8.

1128. *Seleucus II. Callinicus.* Tête de Seleucus diadêmée. ℞. ΒΑΣΙΛΕΩΣ ΣΕΛΕΥΚΟΥ. Apollon debout, tient un arc et une flèche; deux monogr. AV. 5.

1129. —— Même tête. ℞. Même lég.; Apollon debout appuyé sur un trépied, tenant une flèche; deux monogr. AR. 7.

1130. *Antiochus Hierax.* Tête diadêmée. ℞. ΒΑΣΙΛΕΩΣ ΑΝΤΙΟ-ΧΟΥ. Apollon assis sur la cortine, tenant un arc et une flèche; deux monogr. AR. 7. *Peller. Rois, p.* 69, *pl.* 8.

1131. *Seleucus III. Ceraunus.* Tête de Seleucus diadêmée. ℞. ΒΑΣΙΛΕΩΣ ΣΕΛΕΥΚΟΥ. Apollon, assis sur la cortine, tient un arc et une flèche; palme, couronne et monogr. AR. 8.

1132. *Antiochus III. Magnus.* Tête d'Antiochus diadêmée. ℞. ΒΑΣΙΛΕΩΣ ΑΝΤΙΟΧΟΥ. Même type; trépied et monogr. AR. 7.

1133. *Achœus.* Tête de femme ceinte d'un diadême. ℞. ΒΑΣΙ-ΛΕΩΣ ΑΧΑΙΟΥ. Aigle sur une couronne. Æ. 4.

1134. *Seleucus IV. Philopator.* Tête de Seleucus diadêmée. ΜΕ en monogr. ℞. ΒΑΣΙΛΕΩΣ ΣΕΛΕΥΚΟΥ. Apollon assis sur la cortine. AR. 8.

1135. *Antiochus IV. Epiphanes.* Tête d'Antiochus diadêmée.

℞. ΒΑΣΙΛΕΩΣ ΑΝΤΙΟΧΟΥ ΘΕΟΥ ΕΠΙΦΑΝΟΥΣ ΝΙΚΗΦΟΡΟΥ. Jupiter Nicephore assis; monogr. AR. 9.

1136. *Antiochus V. Eupator.* Tête d'Eupator diadêmée. ℞. ΒΑΣΙΛΕΩΣ ΑΝΤΙΟΧΟΥ ΕΥΠΑΤΟΡΟΣ. Jupiter Nicephore assis; monogr. AR. 8.

1137. *Demetrius I. Soter.* Tête de Demetrius diadêmée dans une couronne de laurier. ℞. ΒΑΣΙΛΕΩΣ ΔΗΜΗΤΡΙΟΥ. Femme assise tenant un bâton, et une corne d'abond.; figure ailée sous le siége, monogr. AR. 9.

1138. —— ℞. Même tête. ΒΑΣΙΛΕΩΣ ΔΗΜΗΤΡΙΟΥ ΣΩΤΗΡΟΣ. L'an ΗΝΡ. (158). Deux monogr., même type. AR. 8.

1139. *Alexandre I.* Tête d'Alexandre ceinte d'un diadême. ℞. ΒΑΣΙΛΕΩΣ ΑΛΕΞΑΝΔΡΟΥ. Aigle sur un gouvernail, ΑΓ le monogr. de Tyr et l'année ΓΞΡ. (163). AR. 7.

1140. *Demetrius II. Nicator.* Tête du roi diadêmée. ℞. ΒΑΣΙΛΕΩΣ ΔΗΜΗΤΡΙΟΥ. Même type; monogr. de Tyr, autre monogr. et la date ΖΞΡ. (167). AR. 8.

1141. —— Même tête. ℞. Même lég.; aigle, avec une palme dans le champ. ΣΙΔΩ, la date ΖΞΡ. (167). monogr. et l'*aplustrum*. AR. 7. (*a*)

1142. *Antiochus VI. Epiphanes.* Tête d'Antiochus diadêmée et radiée. ℞. ΒΑΣΙΛΕΩΣ ΑΝΤΙΟΧΟΥ ΕΠΙΦΑΝΟΥΣ ΔΙΟΝΥΣΟΥ ΤΡΥ ΣΤΑ.; la date ΘΞΡ. (169). monogr., les Dioscures à cheval; le tout dans une couronne de laurier. AR. 8.

1143. —— Même tête. ℞. Même lég. et type. ΤΡΥ ΣΤΑ, l'année ΟΡ. (170). monogr. AR. 8.

1144. *Tryphon Autocrator.* Tête du roi diadêmée. ℞. ΒΑΣΙΛΕΩΣ ΤΡΥΦΩΝΟΣ ΑΥΤΟΚΡΑΤΟΡΟΣ. Casque surmonté d'une corne d'animal devant l'*aplustrum*. Æ. 5.

1145. *Antiochus VI. Evergetes.* Tête du roi ceinte d'un diadême. ℞. ΒΑΣΙΛΕΩΣ ΑΝΤΙΟΧΟΥ ΕΥΕΡΓΕΤΟΥ ΤΑ. Minerve debout tenant une victoire, monogr.; le tout dans une couronne de laurier. AR. 8.

1146. —— Même tête. ℞. Même lég. et type, ΑΙ et un monogr. AR. 8.

1147. —— Tête d'Antiochus diadêmée. ℞. ΒΑΣΙΛΕΩΣ ΑΝΤΙΟΧΟΥ. Aigle avec une palme. Γ ΓΟΡ. (173). deux monogr. et celui de Tyr. AR. 8.

1148. —— Même tête. ℞. Même lég. et même type. ΞΟΡ. (169) et quatre monogr. AR. 8.

1149. —— Même tête. ℞. Même lég. et type, monogr. différens, AR. 8. (*b*)

(*a*) Ces trois médailles appartiennent à Sidon de Phœnicie.
(*b*) Ces trois médailles appartiennent à Sidon de Phœnicie.

1150. *Alexandre II. Zebina.* Tête du roi ceinte d'un diadême. ℞. ΒΑΣΙΛΕΩΣ ΑΛΕΞΑΝΔΡΟΥ. Jupiter Nicephore assis, deux monogr. AR. 7.

1151. *Cleopatre* et *Antiochus VIII.* Têtes accollées de Cléopâtre et d'Antiochus. ℞. ΒΑΣΙΛΙΣΣΗΣ ΚΛΕΟΠΑΤΡΑΣ ΒΑΣΙΛΕΩΣ ΑΝΤΙΟΧΟΥ. ΞΠΡ. (187). Aigle et monogr. AR. 8.

1152. *Antiochus VIII.* Grypus. Tête diadêmée. ℞. ΒΑΣΙΛΕΩΣ ΑΝΤΙΟΧΟΥ ΕΠΙΦΑΝΟΥΣ. Jupiter debout, un croissant sur la tête, tient de la dr. un astre, et de la g. la haste. ΙΕ. Α. Ο, le tout dans une couronne de laurier. AR. 8.

1153. *Antiochus IX. Philopator.* Tête de Philopator diadêmée. ℞. ΒΑΣΙΛΕΩΣ ΑΝΤΙΟΧΟΥ ΦΙΛΟΠΑΤΟΡΟΣ Ξ. Minerve debout tient une victoire, deux monogr.; le tout dans une couronne de laurier. AR. 8.

1154. *Seleucus VI. Epiphanes.* Tête diadêmée. ℞. ΒΑΣΙΛΕΩΣ ΣΕΛΕΥΚΟΥ ΕΠΙΦΑΝΟΥΣ ΝΙΚΑΤΟΡΟΣ ΝΕΙΣΙ. Pallas debout, dans le champ une plante. AR. 8.

1155. *Antiochus X. Eusebes.* Tête d'Antiochus diadêmée. ℞. ΒΑΣΙΛΕΩΣ ΑΝΤΙΟΧΟΥ ΕΥΣΕΒΟΥΣ ΦΙΛΟΠΑΤΟΡΟΣ. Jupiter Nicephore assis. AR. 8.

1156. *Antiochus XI. Didymus.* Tête diadêmée. ℞. ΒΑΣΙΛΕΩΣ ΑΝΤΙΟΧΟΥ ΕΠΙΦΑΝΟΥΣ. Jupiter assis, foudre au-dessus; le tout dans une couronne de laurier. AR. 8.

1157. *Philippus Epiphanes.* Tête de Philippe diadêmée. ℞. ΒΑΣΙΛΕΩΣ ΦΙΛΙΠΠΟΥ ΕΠΙΦΑΝΟΥΣ ΦΙΛΑΔΕΛΦΟΥ ΑΝ et un monogr.; Jupiter assis. AR. 8.

1158. *Demetrius III. Deus.* Tête ceinte d'un diadême. ℞. Dans une couronne de laurier ΒΑΣΙΛΕΩΣ ΔΗΜΗΤΡΙΟΥ ΘΕΟΥ ΦΙΛΟΠΑΤΟΡΟΣ ΣΩΤΗΡΟΣ ΔΚΣ. (224). Diane d'Ephèse. AR. 8.

1159. *Antiochus XII. Dionysius.* Tête d'Antiochus diadêmée. ℞. ΒΑΣΙΛΕΩΣ ΑΝΤΙΟΧΟΥ ΕΠΙΦΑΝΟΥΣ ΦΙΛΟΠΑΤΟΡΟΣ ΚΑΛΛΙΝΙΚΟΥ. Femme debout, *lotus* sur la tête, tenant une palme et une corne d'abond.; monogr. Æ. 5.

1160. *Tigranes.* Buste de Tigranes coiffé de la tiare. ℞. ΒΑΣΙΛΕΩΣ ΤΙΓΡΑΝΟΥ. Femme voilée et tourrelée assise sur un rocher, tenant une branche; fleuve à ses pieds; monogr. AR. 7.

COMMAGÈNE.

1161. *Caesarea.* (*Pescennius Niger*). ΑΥΤ. Κ. Γ. ΠΕΣΚ. ΝΙΓΡΟΣ ΣΕΒ. ℞. ΚΑΙΣΑΡΕΙΑΣ ΓΕΡΜΑΝΙΚΗΣ. Serpent. Æ. 6.

1162. —— Même légende. ℞. Æsculape debout appuyé sur son bâton. Æ. 7.

1163. *Samosata.* Tête de Pallas. ℞. ΣΑΜΟ ΜΗΤΡΩΝΑΟ. Cybèle assise, lion à ses pieds. AR. 5.

ROIS DE COMMAGÈNE.

1164. *Antiochus IV.* ΒΑΣΙΛΕΥΣ. ΜΕ. ΑΝΤΙΟΧΟΣ ΕΠΙ. Tête diadêmée. ℞. ΚΟΜΜΑΓΗΝΩΝ. Scorpion dans une couronne de laurier. Æ. 8.

1165. *Iotape.* ΒΑΣΙΛΙΣΣΑ. ΙΟΤΑΠΗ. ΦΙΛΑΔΕΛΦΟΣ. Tête de la reine diadêmée. ℞. ΚΟΜΜΑΓΗΝΩΝ. Scorpion dans une couronne de laurier. Æ. 7.

1166. *Epiphanes* et *Callinicus.* ΒΑCΙΛΕΩC ΥΙΟΙ. Deux cornes d'abond. réunies à une ancre, sur chacune d'elles une tête d'enfant; astre au milieu. ℞. ΚΟΜΜΑΓΗΝΩΝ. Tiare dans une couronne de laurier. Æ. 5.

1167. —— Autre presque semblable. Æ. 5.

CYRRHESTIQUE.

1168. *Hieropolis.* Tête radiée d'Antiochus IV. ℞. ΙΕΡΟΠΟΛΙΤΩΝ. Jupiter debout, à ses pieds le bizon; monogr. Æ. 3. *Peller.*

PALMYRÈNE.

1169. *Palmyra.* Tête de Sérapis entre deux têtes de femme radiées. ℞. ΠΑΛΜΥΡΑ. Victoire tenant une balance au-dessus d'une petite colonne. Æ. 3. *Peller.*

SÉLEUCIDE PIÉRIE.

1170. *Antiochia.* Tête de Jupiter. ℞. ΑΝΤΙΟΧΕΩΝ ΤΗΣ ..ΤΡΟΠΟΛΕΩΣ Γ. Femme debout tenant une corne d'abond. Æ. 5. *Peller.*

1171. —— ΑΝΤΙΟΧΕΩΝ ΜΗΤΡΟΠΟΛΕ. Tête de femme laurée. ℞. ΕΤΟΥC ΣΟΡ. (177).

1172. —— (*Othon.*) IMP. M. OTHO. CAES. AVG. Tête laurée. ℞. SC. dans une couronne de laurier. Æ. 8.

1173. *Antiochia ad Daphnen.* Tête radiée et diadêmée. ℞. ΑΝΤΙΟΧΕΩΝ ΤΩΝ ΠΡΟΣ ΔΑΦΝΗΙ. Jupiter debout, monogr. Æ. 5.

1174. *Antiochia Ptolemaidis.* Tête radiée ℞. ΑΝΤΙΟΧΕΩΝ. ΕΝ. ΠΤΟΛΕΜΑΙΔΙ. Jupiter debout, deux monogr. Æ. 6.

1175. *Antiochia ad Callirhoen.* Même tête. ℞. ΑΝΤΙΟΧΕΩΝ.

ASIE. SELEUCIDE PIERIE.

ΕΠΙ ΚΑΛΛΙΡΟΗΙ. Jupiter debout, tient l'aigle ; deux monogr. Æ. 5.

1176. *Apamea.* Tête de Pallas. ℞. ΑΠΑΜΕΩΝ ΤΗΣ ΙΕΡΑΣ ΚΑΙ ΑΣΙΛΟΥ ΖΠΣ. (287). Victoire debout. Æ. 5.

1177. *Balanea.* Tête de femme. ℞. ΒΑΛΑΝΕΩΝ. Jupiter assis. Æ. 6. *Peller.*

1178. *Epiphanea.* Tête de Bacchus, couronnée de lierre. ℞. ΕΠΙΦΑΝΕΩΝ ΑΡΙΣΤΟ. Femme debout, monogr. Æ. 5.

1179. *Laodicea.* Tête de femme voilée et tourrelée. ℞. ΛΑΟΔΙΚΕΩΝ. ΤΗΣ ΙΕΡΑΣ. ΚΑΙ ΑΥΤΟΝΟΜΟΥ. ΘΕ. Jupiter assis, tenant une Victoire. I dans le champ. AR. 7. *Peller.*

1180. *Seleucia.* Tête de femme tourrelée et voilée. ℞. ΣΕΛΕΥΚΕΩΝ. ΤΗΣ ΙΕΡΑΣ. ΚΑΙ ΑΥΤΟΝΟΜΟΥ. I. Θ. Foudre sur une table, dans une couronne de laurier. AR. 8.

1181. —— Tête de Jupiter. ℞. ΣΕΛΕΥΚΕΩΝ. Foudre, deux monogr. AR. 5.

CŒLESYRIE.

1182. *Damascus.* Tête de Bacchus. ℞. ΔΑΜΑΣΚΗ ΖΟΥ. Deux thyrses. Æ. 3. *Peller.*

1183. *Aretas, roi de Damascus.* Tête diadêmée. ℞. ΒΑΣΙΛΕΩΣ ΑΡΕΤΟΥ ΦΙΛΕΛΛΗΝΟΣ. Victoire tourrelée debout, tenant une palme et une couronne. Æ. 5.

1184. —— Autre presque semblable. Æ. 4.

1185. *Leucas.* ΤΩΝ. ΚΑΙ. ΚΛΑΥΔΙΑΙΩΝ. Tête de femme tourrelée et voilée. ℞. ΛΕΥΚΑΔΙΩΝ. Victoire debout. Æ. 5. *Peller.*

TRACHONITES ITURÉE.

1186. *Neronias.* ΝΕΡΩΝ ΚΑΙΣΑΡ ΣΕΒΑΣΤΟΣ. Tête de Néron laurée ℞. Dans une couronne de laurier ΕΠΙ ΒΑΣΙΛΕ. ΑΓΡΙΠΠΑ ΝΕΡΩΝΙΕ. Æ. 4.

DÉCAPOLE.

1187. *Canatha.* ΚΑΝ. Tête juvenile incertaine. ℞. ΕΟΣ. Victoire debout. Æ. 2. *Peller.*

PHŒNICIE.

1188. *Berytus.* Tête de Neptune laurée ; trident. ℞. BERY. L. ΓΝ. (53). Neptune traîné par quatre hippocampes. Æ. 4.

ASIE. PHŒNICIE.

1189. *Dora.* Tête de Jupiter. ℞. ΔωΡΙΤΕΙΤωΝ L. ΡΚΗ. (128). Femme debout, tenant une enseigne, et une corne d'abond. Æ. 6. *Peller.*

1190. *Orthosia.* Tête de femme tourrelée. ΗΕΤ. (368). ℞. ....ΩΣΙΕΩΝ. Jupiter assis. Æ. 4. *Peller.*

1191. *Sidon.* Tête de femme voilée et tourrelée. ℞. ΣΙΔΩΝΙΩΝ. Aigle avec une palme sur un gouvernail. ΛΕ. monogr. AR. 8. *Peller.*

1192. —— Même tête. ℞ .... ΑΣ. ΚΑΙ ΑΣΥΛΟΥ L ΔΝ ΒΕ. Aigle et une palme. AR. 4.

1193. *Tyrus.* Tête d'Hercule laurée. ℞. ΤΥΡΟΥ. ΙΕΡΑΣ. ΚΑΙ. ΑΣΥΛΟΥ. Aigle avec une palme sur un gouvernail. ΘΙ. Monogr. et massue. AR. 8.

1194. —— Tête de femme tourrelée. ℞. ΛΟΣ ΤΥΡ. ΙΕΡΑΣ. ΜΗΤΡΟΠΟΛΕΤΣ. Vaisseau. Æ. 5.

1195. *Tripolis.* Têtes accollées des Dioscures, au-dessus deux astres. ℞. Dans une couronne de laurier ΤΡΙΠΟΛΙΤΩΝ ΤΗΣ ΙΕΡΑΣ. ΚΑΙ. ΑΥΤΟΝΟΜΟΥ. ΘΕΟ. Λ. ΝΙ. Astarté debout, tourrelée, tenant de la dr. un bâton, et de la g. une corne d'abond. AR. 8. *Peller.*

1196. —— Tête de Cérès couronnée d'épis. ℞. Dans une couronne de laurier ΘΕΩΝ. ΚΑΒΕΙΡΩΝ. ΤΡΙΩΝ. Deux cabires nus debout, tenant une haste, au-dessus deux astres. AR. 9. *Peller.*

1197. *Aradus.* Tête de femme voilée et tourrelée. ℞. Dans une couronne de laurier ΑΡΑΔΙΩΝ. Victoire debout, tenant une palme et l'*aplustrum*. ΗΚΡ. (128). ΔΝ. AR. 9.

GALILÉE.

1198. *Ace.* Tête de femme tourrelée. ℞. ΑΚΗ. Figure virile debout. Æ. 4. *Peller.*

1199. *Ptolemaïs.* Tête de Jupiter dans une couronne de laurier. ℞. ΠΤΟΛΕΜΑΙΕ ΙΕΡΑΣ ΚΑΙ ΑΣΥΛΟΥ. Fortune debout. Æ. 5. *Peller.*

1200. (*Geta.*) COL. PTOL. Colon conduisant deux bœufs, quatre enseignes militaires. Æ. 4.

SAMARIE.

1201. *Ioppe.* Tête de femme tourrelée. ℞. ΙΟΠΗ. Neptune assis sur un rocher. Δ. Æ. 4. *Peller.*

JUDÉE.

1202. *Aelia Capitolina.* (*Diadumenien*). COL. AEL. CAP. COMM. P F. Astarté debout dans un temple tétrastyle; deux Victoires. Æ. 6.

1203. *Agrippias.* Tête de femme voilée. ℞. ΑΓΡΙΠΠΕΩΝ H. Proue de vaisseau. Æ. 4. *Peller.*

1204. *Ascalo.* Tête de femme voilée et tourrelée. ℞. ΑΣ. Proue de vaisseau. π. AR. 2. *Peller.*

1205. *Gaza.* Tête de femme tourrelée. ℞. ΓΑ. Ce symbole ㅡ|ㅡ. L. ΙC. Æ. 6. *Peller.*

ROIS DE JUDÉE.

1206. (*Sicle*). Légende hébraïque, calice. ℞. Lég. hébraïque, trois fleurs sur une branche. AR. 5.

1207. —— Lég. hébraïque, temple tétrastyle. ℞. Id. fleur dans un vase; feuille dans le champ. AR. 8.

1208. —— Autre un peu différente. AR. 8.

1209. *Antigonus.* ΒΑCΙΛΕΩΟ ΑΝΤΙΓΟΝΟΥ autour d'une couronne. ℞. Lég. hébraïque, double corne d'abond. Æ. 6.

1210. *Hérodes-le-Grand.* ΗΡΩΔΗC. Grappe de raisin. ℞. ΕΘΝΑΡΧΟC. Casque et caducée. Æ. 3.

1211. *Hérodes Antipas.* ΗΡΩΔΟΥ ΤΕΤΡΑΡΧΟΥ. Palme. L. ΑΓ. ℞. ΤΙΒΕΡΙΑΣ dans une couronne de laurier. Æ. 6.

1212. *Hérodes, roi de Chalcidene.* ΒΑΣΙΛΕΩΣ ΗΡΩΔΗΣ Φ..... ΤΔΙΟΣ. Tête diadêmée. ℞. Dans une couronne de laurier ΚΛΑΥΔΙΩ ΚΑΙΣΑΡΙ ΣΕΒΑΣΤΩ ΕΤ Γ. (an 3,). Æ. 5.

1213. *Agrippa II.* ΒΑCΙΛΕωC ΑΓΡΙΠΠΑ. Un dais. ℞. L. S. Trois épis. Æ. 3.

1214. *Zenodorus.* ΝΕ. ΚΑΙ. L ΖΠ. Tête d'Auguste nue. ℞. ΖΗΝΟΔΩΡΟΣ. ΤΕΤΡΑΡΧΗΣ. ΚΑΙ. ΑΡΧΗΡ. Tête de Zénodore nue. Æ. 4. *Peller. Eckhel. Tom. III. p. 497.*

MÉSOPOTAMIE.

1215. *Carrhae.* Tête virile imberbe couverte d'un bonnet. ℞. ΚΑΡΡ ΚΟΛ ΜΗΤΡ. Astre dans un croissant. Æ. 4. *Peller.*

ROIS D'ÉDESSE.

1216. ΒΑCΙΛΕΩC ΑΒΓΑΡΟC. Tête d'Abgare. ℞. Tête de Commode. Æ. 3.

1217. Même lég., tête d'Abgare. ℞. Septime-Sévère. Æ. 5.
1218. Même lég., Abgare à cheval. ℞. Tête de Gordien-Pie. Æ. 8.

ROIS PARTHES.

1219. *Arsaces II.* Tête imberbe avec un casque tombant sur les épaules. ℞. ΒΑΣΙΛΕΩΣ ΜΕΓΑΛΟΥ ΑΡΣΑΚΟΥ. Un Parthe assis, tenant un arc. AR. 5. *Peller. Suppl. III. p. 4.*
1220. *Arsaces XV.* Buste d'Arsaces diadêmé. ℞. ΒΑΣΙΛΕΩΣ ΒΑΣΙΛΕΩΝ ΑΡΣΑΚΟΥ ΕΥΕΡΓΣ. ΤΥ ΔΙΚΑΙΟΥ ΕΠΙΦΑΝΟΥΣ. ΕΛΛΗΝ. ΣΟΛΩΙΟΝ. Femme debout couronnant le roi, assis devant elle. AR. 8.

ANCIENS ROIS DE PERSE.

1221. Homme à genoux tenant un arc et une flèche. ℞. Aire en creux. AV. 3. (*Darique*).
1222. Semblable en argent.
1223. Galère avec des rameurs, deux caract. phœn. ℞. Roi debout dans un quadrige, avec une figure qui le conduit et une autre qui suit; quatre lettres phœn. AR. 8.
1224. Homme couronné, genou en terre, armé d'un arc et tenant un sceptre. ℞. Même figure tenant un arc et tirant une flèche de son carquois; bœuf en contremarque. AR. 5.
1225. Même type. ℞. Cavalier armé d'une lance, poisson, o. AR. 5.
1226. Chouette, deux fouets et plusieurs caractères. ℞. Figure barbue tenant un arc sur un cheval marin ailé, poisson. AR. 5.

ROIS DE BABYLONE.

1227. *Timarchus.* Tête virile imberbe diadêmée. ℞. ΒΑΣΙΛΕΩΣ ΤΙΜΑΡΧΟΥ. Victoire debout; Victoire en contremarque. Æ. 6.

ROIS DE BACTRIANE.

1228. *Euthydeme.* Tête imberbe diadêmée. ℞. ΒΑΣΙΛΕΩΣ ΕΥΘΥΔΗΜΟΥ. Hercule, assis, tient sa massue; monogr. AV. 4. *Peller. Add. p. 95.*

1229. *Eucratides.* Tête casquée. ℞. ΒΑΣΙΛΕΩΣ ΜΕΓΑΛΟΥ ΕΥΚΡΑ‑ΤΙΔΟΥ. [ο]. Dioscures à cheval armés de lances et tenant une palme. AR. 9. *Peller. Rois.* p. 129.

1230. *Heliocles.* Tête diadêmée. ℞. ΒΑΣΙΛΕΩΣ ΗΛΙΟΚΛΕΟΥΣ ΔΙΚΑΙΟΥ. Jupiter debout; monogr. AR. 9. *Cat. d'Ennery.* (a)

ROIS D'ÆGYPTE.

1231. *Ptolemaeus Soter.* Tête de Ptolémée ceinte d'un diadême. ℞. ΒΑΣΙΛΕΩΣ ΠΤΟΛΕΜΑΙΟΥ. Un aigle sur un foudre; dans le champ ΣΙ. AV. 6.

1232. —— Tête de Ptolémée diadêmée. ℞. ΒΑΣΙΛΕΩΣ ΠΤΟΛΕΜΑΙΟΥ. ΕΥ. Aigle sur un foudre, et monogr. AV. 6.

1233. —— Même tête. ℞. Même lég. et type; monogr., bouclier. AV. 6.

1234. —— Tête id. ℞. Même lég. ΠΤ. Deux monogr.; bouclier; l'aigle sur le foudre. AR. 7.

1235. *Berenice.* Tête de Bérénice. ℞. ΒΕΡΕΝΙΚΗΣ ΒΑΣΙΛΙΣΣΗΣ. rame; monogr. dans une couronne de laurier. Æ. 5. *Peller.*

1236. *Ptolemaeus II. Philadelphus.* ΘΕΩΝ. Têtes accollées de Ptolémée, Soter et de Bérénice, derrière fer de lance. ℞. ΑΔΕΛΦΩΝ. Têtes accollées de Philadelphe et d'Arsinoé, derrière monogr. AV. 7.

1237. —— ΘΕΩΝ. Mêmes têtes. ℞. ΑΔΕΛΦΩΝ. Mêmes têtes, bouclier. AV. 7.

1238. —— Tête de Philadelphe diadêmée. ℞. ΒΑΣΙΛΕΩΣ ΠΤΟΛΕΜΑΙΟΥ L. ΚΓ ΚΙ. Aigle sur un foudre. AR. 7.

1239. —— Même tête. ℞. Même lég. L. ΑΕ ΠΑ. Même type. AR. 7.

1240. —— Même tête. ℞. Même lég. L. Κ. ΠΑ. Même type. AR. 7.

1241. —— Tête diadêmée. ℞. ΒΑΣ ΠΤΟΛΕ. Partie antérieure d'un cheval marin, crabe. Æ. 3. *Peller.*

1242. *Arsinoé.* Tête d'Arsinoé voilée et diadêmée. Θ. ℞. ΑΡΣΙΝΟΗΣ ΦΙΛΑΔΕΛΦΟΥ. Double corne d'abond. AV. 7.

1243. —— Même tête. Κ. ℞. Même lég. et même type. AV. 7.

1244. —— Même tête. ΗΗ. ℞. Même lég. et type. AR. 10.

1245. *Ptolemaeus III. Evergetes.* Tête diadêmée. ℞. ΠΤΟΛΕΜΑΙΟΥ ΒΑΣΙΛΕΩΣ. L. ΙΘ ΠΑ. Aigle sur un foudre. AR. 6.

1246. *Ptolemaeus IV. Philopator.* Tête de Philopator diadêmée.

(a) Eckhel met cette médaille au nombre des incertaines. On l'a placée à la Bactriane, à cause de la fabrique.

ÆGYPTE. ROIS.

℟. ΠΤΟΛΕΜΑΙΟΥ ΦΙΛΟΠΑΤΟΡΟΣ. Aigle sur un foudre et un monogr. AV. 7.

1247. —— Même tête. ℟. Même lég. L. Γ. même type. AV. 7.

1248. *Arsinoé.* Tête d'Arsinoé diadêmée, et un sceptre. ℟. ΑΡΣΙΝΟΗΣ ΦΙΛΟΠΑΤΟΡΟΣ. ΝΙ. Corne d'abond. AV. 7.

1249. *Ptolemaeus V.* Tête diadêmée. ℟. ΠΤΟΛΕΜΑΙΟΥ ΒΑΣΙΛΕΩΣ. Trois monogr. L. H. Z. Aigle sur un foudre. AR. 6.

1250. *Ptolemaeus VI. Philometor.* Tête de Ptolémée diadêmée. ℟. ΠΤΟΛΕΜΑΙΟΥ ΦΙΛΟΜΗΤΟΡΟΣ ΘΕΟΥ ΙΑ ΠΑ. Ο. et un monogr.; aigle sur un foudre. AR. 6.

1251. —— Tête de Jupiter Ammon diadêmée. ℟. ΒΑΣΙΛΕΩΣ ΠΤΟ. Aigle sur un foudre; le *lotus* dans le champ. Æ. 6.

1252. *Ptolemaeus IX. Alexander I.* Tête imberbe couverte d'une peau d'éléphant. ℟. ΑΛΕΞΑΝΔΡΟΥ. Pallas debout armée d'une lance et d'un bouclier devant un aigle sur un foudre. AR. 3.

1253. —— Tête couverte d'une peau de lion. ℟. ΑΛΕΞΑΝΔΡΟΥ. Aigle sur une massue. AR. 3.

1254. —— Autre presque semblable. AR. 3.

1254 bis. *Cleopatra,* mère de *Ptolemaeus VIII* et *IX*. Tête de femme couverte d'une peau d'éléphant. ℟. ΒΑΣΙΛΕΩΣ ΠΤΟΛΕΜΑΙΟΥ. Aigle sur un foudre. Æ. 5.

1255. *Cleopatra Selene.* ΒΑΣΙΛΙΣΣΗΣ ΣΗΛΗΝΗΣ. Tête de Cléopâtre. ℟. ΒΑΣΙΛΕΩΣ ΠΤΟΛΕΜΑΙΟΥ. Aigle sur un foudre. Æ. 5.

1256. *Berenice.* Tête de Bérénice voilée. ℟. ΒΑΣΙΛΙΣΣΗΣ ΒΕΡΕΝΙΚΗΣ. Corne d'abond. AV. 7.

1257. *Ptolemaeus XI.* Tête de Ptolémée radiée, une lance sur l'épaule g. ℟. ΒΑΣΙΛΕΩΣ ΠΤΟΛΕΜΑΙΟΥ. Corne d'abond. entre deux étoiles; monogr. AV. 8.

1258. *Ptolemaeus XII. Dionysius.* Tête de Ptolémée couronnée de pampres, avec un thyrse. ℟. ΠΤΟΛΕΜΑΙΟΥ ΒΑΣΙΛΕΩΣ. Aigle sur un foudre. AR. 5.

1259. *Ptolemaeus XIII.* Tête de Ptolémée avec un diadême orné d'un épi. ℟. ΒΑΣΙΛΕΩΣ ΠΤΟΛΕΜΑΙΟΥ. Θ ΝΙ. Aigle sur un foudre. AV. 7.

1260. —— Même tête. ℟. Lég. et type semblables. ΝΙ. Monogr. et trident. AR. 7.

1261. *Cleopatra.* ΒΑΣΙΛΙΣΣΑ ΚΛΕΟΠΑΤΡΑ ΘΕΑ ΝΕΩΤΕΡΑ. Tête de Cléopâtre diadêmée. ℟. ΑΝΤΩΝΙΟΣ ΑΥΤΟΚΡΑΤΩΡ. ΤΡΙΤΟΝ ΤΡΙΩΝ ΑΝΔΡΩΝ. Tête de M. Antoine nue. AR. 7.

1262. *Ptolémées incertains.* Tête imberbe diadêmée sans lég. ℟. Un moissonneur. AV. 1. *Peller. Rois.* p. 208.

1263. —— Tête de Jupiter Ammon. ℞. ΒΑΣΙΛΕΩΣ ΠΤΟΛΕ-
ΜΑΙΟΥ. Aigle sur un foudre, corne d'abond. et monogr.
Æ. 8.

NOMES.

1264. *Aphroditopolites.* (Trajan). ΑΦΡΟΔΕΙΤΟΠΟΛΙΤΗΣ. L. II.
Femme debout entre deux sphinx dans un temple
tétrastyle. Æ. 10. *Theupoli.* p. 1309.

1265. *Apollonopolites.* (Hadrien). ΑΠΟΛΛωΝ. L. IA. Osiris
debout. Æ. 5. *Zoega.* 393.

1266. *Arsinoites.* (Hadrien). ΑΡΣΙΝΟΙ. L. IA. Tête d'Isis.
Æ. 4. *Mus. Caes.*

1267. *Athribites.* (Trajan). ΑΘΡΙΒ.....ΗΣ. L. II. Figure debout
vêtue de la stola, tenant un oiseau et la haste. Æ. 9.
Zoega.

1268. *Busirites.* (Hadrien). ΒΟΥΣΙ. L. IA. Osiris debout tenant
un cerf. Æ. 4. *Vaill. Aeg. Num.*

1269. *Cabasites.* (Hadrien). ΚΑΒΑΣΙ. L. IA. Osiris debout.
Æ. 4. *Vaill.*

1270. *Copites.* (Hadrien). ΚΟΠΤ. L. IA. Saturne debout. Æ. 4.
Zoega.

1271. *Diospolis Magna.* (Hadrien) ΔΙΟΠΟΛΙ ΜΕ. L. IA. Osiris
debout, tenant un petit animal. Æ. 4.

1272. *Diospolis Parva.* (Antonin). ΔΙΟΠΟΛΕΙΤΗΣ. L. H. Femme
tourrelée à cheval, tenant un serpent. Æ. 9. *Belley.
Mém. de l'Acad. des Belles-Lett. T. XXVIII.* p. 535.

1273. *Heracleopolites.* (Hadrien). ΗΡΑΚ. L. IA. Tête d'Hercule diadêmée. Æ. 4. *Mus. Stosch. Neumann.*

1274. *Hermonthites.* (Hadrien). ΕΡΜωΝΘ. L. IA. Homme
debout appuyé sur la haste, tient un animal. Æ. 5.
Belley. Acad. des B. L. T. XXVIII. 536.

1275. *Hermopolites.* (Hadrien). ΕΡΜΟ. L. IA. Tête d'Osiris
devant l'Ibis. Æ. 4. *Vaill.*

1276. *Heroopolites.* (Hadrien.) ΕΡΟ. L. IA. Tête de femme
voilée, avec le *lotus*, et le doigt sur la bouche. Æ. 4.
Belley. B. L. XXVIII. 537.

1277. *Hypseliotes.* (Hadrien). ΤΥΨΗΛΙ. L. IA. Brebis. Æ. 3.
Vaill.

1278. *Latopolites.* (Hadrien). ΛΑΤΟΠΟΛ. L. IA. Poisson. Æ. 3.
Zoega.

1279. *Leontopolites.* (Antonin). ΛΕΟΝΤΟΠΟΛΕΙΤΩΝ. Homme
debout tenant un lion et la haste. Æ. 10. *Vaill.*

1280. *Lycopolites.* (Hadrien). ΛΥΚΟ. L. IA. Sérapis debout,
tient un cerf et la haste. Æ. 4.

ÆGYPTE. NOMES.

1281. *Mareotes.* (*Antonin*). ΜΑΡΕωΤΗC. L. H. Homme barbu debout avec le pallium, et un globe sur la tête, tenant un lion et la haste. Æ. 10.

1282. *Memphites.* (*Hadrien*). ΜΕΜΦΙ. L. IA. Femme debout, tenant dans chacune de ses mains un enfant. Æ. 4. *Vaill.*

1283. *Mendesius.* (*M. Aurèle*). ΜΕΝΔΗCΙΟC. L. H. Jupiter debout, tenant un lion et la haste. Æ. 10.

1283 *bis.* —— (*Hadrien*). ΜΕΝΔ. L. IA. Chèvre. Æ. 3. *Vaill.*

1284. *Menelaites.* (*Hadrien*). ΜΕΝΕΛΑΙ. Figure virile tenant un animal et une palme. Æ. 4.

1285. —— (*M. Aurèle*). ΜΕΝΕΛΑΙΤΗC. L. H. Harpocrate terminé en crocodile. Æ. 10. *Zoega.*

1286. *Naucratis* (*M. Aurèle*). ΝΑΥΚΡΑΤΙC. L. H. Femme debout, modius sur la tête, tient un serpent et la haste. Æ. 10. *Haym.*

1287. *Nicopolites.* (*Antonin*). ΝΙΚΟΠΟΛΙΤΗC. L. H. Hercule debout, tient un griffon, sa massue et la dépouille du lion. Æ. 10. *Zoega.*

1288. *Oxyrynchites.* (*Antonin*). ΟΞΥΡΥΝΧΙ. L. H. Pallas debout tient une Victoire, et la bipenne. Æ. 9. *Vaill.*

1289. —— (*Hadrien*). ΟΞΥΡ. L. IA. Même type. Æ. 4. *Zoega.*

1290. *Pelusium.* (*Hadrien*). ΠΗΛΟΥ. L. IA. Tête d'Isis. Æ. 4.

1291. *Pharbaethites.* (*Hadrien*). ΦΑΡΒΑΙ. L. IA. Figure debout tenant un lion, et la haste. Æ. 4. *Belley. B. L.* XXVIII. 543.

1292. *Pinamys.* (*Hadrien*). ΠΙΝΑ. L. IA. Figure radiée debout tenant un cerf. Æ. 4.

1293. *Prosopltes.* (*Hadrien*). ΠΡΟ. L. IA. Harpocrate debout tenant une massue. Æ. 4.

1294. *Saites.* (*Hadrien*). CAIT. L. IZ. Pallas debout tient une chouette et la haste. Æ. 4.

1295. *Sebennites.* (*Trajan*). CEBENNITHC. L. IΓ. Guerrier debout tenant la haste et le parazonium; cerf à ses pieds. Æ. 10. *Zoega.*

1296. *Sethroites.* (*Antonin*). CEΘΡΟΕΙΤΗC. L. H. Homme debout avec une tête d'épervier, tenant un épervier mîtré et la haste. Æ. 9. *Zoega.*

1297. *Tanites.* (*Hadrien*). TANI. L. IA. Soldat debout tenant un épervier et la haste. Æ. 4. *Vaill.*

1298. *Tentyrites.* (*Hadrien*.) TENTΥΡ. L. IA. Figure debout tenant un épervier et la haste. Æ. 4. *Mus. Caes.*

1299. *Thinites.* ΘΙΝΙ. L. IA. Osiris debout la tête radiée, tenant une petite figure. Æ. 4.

CYRENAIQUE.

1300. ΘΕΙΦΕΙ. Jupiter assis; aigle. ℞. ΚΥΡΑΝΑΙΩΝ. Figure conduisant un quadrige. AV. 4.
1301. ΚΥΡΑ. Cavalier. ℞. ΚΥΔΙΟΣ. Silphium. AV. 3.
1302. ΕΥΦΕΙΔΕΥΣ. Tête de Bacchus, thyrse. ℞. ΚΥΡΑ. Silphium. AR. 4.
1303. Tête juvenile cornue. ℞. ΚΥΡΑ. Silphium, astre. AR. 5.
1304. Autre semblable sans lég. AR. 4.
1305. Tête de Jupiter Ammon. ℞. ΚΥΡΑΝΑΙ. Silphium. AR. 7. Peller.
1306. Tête de Jupiter Ammon. ℞. ΚΟΙΝΟΝ. Silphium. AR. 5.
1307. Hercule debout combattant, croix ansée. ℞. Lion dévorant un cerf dans un carré. AV. 3.
1308. ΕΥΑ. Tête de Pallas. ℞. Tête de femme tourrelée. AR. 4.
1309. ΚΑ. Tête de Diane. ℞. ΠΝ. Tête de femme laurée. AR. 4.
1310. *Barce*. ΒΑΡ. Tête de Jupiter Ammon. ℞. Silphium. AR. 7.
1311. ΒΑΡΚ. Même tête dans un carré. ℞. Α. Silphium. AR. 7.
1312. ΒΑΡΚΑΙ. Même tête. ℞. Même type. AR. 7.
1313. *Arsinoé*. Tête de femme voilée. ℞. ΑΡΣΙ ΚΥ. Cerf à genou retournant la tête. Æ. 3. Peller.
1314. *Phycus*. Tête de femme vue de face. ℞. ΦΥ. Bœuf cornupète. Æ. 2. Peller.
1315. *Ptolemaïs*. Tête de femme avec une couronne de fleurs, de forme élevée. ℞. ΠΤΟΛΕΜΑ. Aigle sur un foudre; couronne de laurier. Æ. 5.
1316. *Magas, roi de Cyrénaïque*. Tête du roi diadêmée. ℞. ΒΑΣΙΛΕΩΣ ΜΑΓΑ. Tête de femme. Æ. 5. Peller.

SYRTIQUE.

1317. *Leptis Magna*. COL. VIC. IVL. LEP. Tête casquée. ℞. P. SALPA. M. FVLVI. PR. II. VIR. Bœuf cornupète. Æ. 8.

BYZACENE.

1318. *Hadrumetum*. HADRVM. Tête barbue coiffée d'une espèce de tiare devant deux épis. ℞. APR. FA. COS. PROCOS. VII EPVL. Tête d'Auguste. Æ. 7.
1319. ——— Autre semblable. Æ. 8.

ZEUGITANE.

1320. *Carthago.* ARISTO. MVTVMBAL. RICOCE SYF. Deux têtes imberbes accollées. ℞. VENERIS. KAP. Temple tétrastyle. Æ. 8.
1321. —— Autre presque semblable. Æ. 8.

ROIS DE MAURITANIE.

1322. *Juba, père.* REX IVBA. Tête de Juba avec un sceptre. ℞. Caractères numidiques ; temple à huit colonnes. AV. 4.
1323. *Juba, jeune.* REX IVBA. Tête de Juba derrière une massue. ℞. R. XXXI. Victoire debout sur une tête d'éléphant. AR. 3.
1324. *Ptolemaeus.* REX PTOLEMAEVS. Tête diadêmée. ℞. RAI. Palmier. AR. 3.

INCERTAINES.

1325. Tête virile imberbe sur un poisson. ℞. Aire en creux divisée en quatre parties. AV. 4.
1326. VIWΛ. Vase. ℞. Aire en creux divisée en quatre parties. AR. 5.
1327. Tête de Jupiter Ammon. ℞. Bacchus sacrifiant sur un autel allumé ; Silène derrière ; thyrse. AR. 6.
1328. Tête juvénile avec un diadême. ℞. Tête de Pallas. AR. 6.
1329. K. Tête de femme tourrelée. ℞. A. Tête de Pallas. AR. 4.
1330. Tête d'Apollon laurée ; arc. NK. ℞. BA. Tête tourrelée. AR. 4.
1331. Tête imberbe laurée. ℞. ΠΑΤΡΑΟΥ. Guerrier à cheval terrassant un ennemi ; monogr. AR. 7. *Peller.*
1332. Tête imberbe diadêmée. ℞. Même lég. ; aigle. AR. 3.
1333. Tête imberbe nue. ℞. ΒΑΣΙΛΕΩΣ ΑΔΑΛΓΟΥ. Figure marchant tenant un flambeau, et deux lances. Æ. 3.

BARBARES.

1334. Têtes imberbes laurées et accollées. ℞. BIATEC. Cavalier en course. AR. 6.

MÉDAILLES EN CARACTÈRES INCONNUS.

1335. Tête barbue casquée; derrière bœuf en contremarque, lég. en caractères inconnus. ℞. Tête de femme de face. AR. 5. *Peller. pl.* CXXII. *p.* 164. *n°.* 7. *Haym.* 1. *p.* 143.
1336. Trois autres avec les mêmes types; lég. différentes.
1337. Autre semblable du côté de la tête. ℞. Jupiter assis.
1338. Tête casquée de face; grappe de raisin, sans lég. ℞. Jupiter assis, M. épi et grappe de raisin. AR. 7.
1339. Autre avec ces lettres T B, et une feuille de lierre de plus. AR. 7.
1340. Tête barbue coiffée comme d'un bonnet phrygien entre deux caractères. ℞. Tête barbue casquée avec une lég. AR. 7.
1341. Jupiter assis, aigle et grappe de raisin, lég. incertaine. ℞. Une lég.; lion dévorant un bœuf. AR. 7.
1342. Jupiter tenant un épi et une grappe de raisin, dessous son siége une croix ansée; une lég. ℞. Lion dévorant un cerf, au-dessus la lég. AR. 6.
1343. Jupiter assis, épi, lég. inconnue. ℞. Sans lég.; lion dévorant un bœuf devant les murailles d'une ville; dans le champ une massue. AR. 6.
1344. Autre sans la massue, lég. de chaque côté. AR. 6.
1345. Figure virile nue tenant un arc de la main g., et s'approchant d'un autel, oiseau; lég. comme les précédentes. ℞. Sans lég.; Pallas debout tient une Victoire, la grenade. AR. 7.
1346. Lion dévorant un cerf; au-dessus des caractères, dans un carré formé par un grainetis. ℞. Lég. effacée. AR. 5.
1347. Tête casquée. ℞. Une lég.; Pallas assise à terre, la main g. posée sur son bouclier. AR. 5. *Pell. pl.* LXXXV. *n°.* 28.

AS ROMAINS ET ITALIQUES.

1348. *Quadrussis.* Bœuf marchant. ℞. Même type. *Mangeart Introd. à la Science des Méd. pl.* II. *fig.* 1. *p.* 64.
1349. *Tripondius.* Tête de Pallas, derrière III. ℞. Proue de vaisseau, au-dessus III. Æ. 17.
1350. *Dupondius.* Tête de Pallas avec un casque terminé comme le bonnet phrygien, derrière II. ℞. Roue, dans les rayons II. Æ. 19.

AS ROMAINS ET ITALIQUES.

1351. —— Tête de Pallas avec un casque à aigrette derrière II. ℞. Proue de vaisseau au-dessus II. Æ. 14.
1352. *As.* Tête de Janus. ℞. Proue de vaisseau au-dessus I. Æ. 17.
1353. —— Vingt-deux autres *As* depuis leur origine jusqu'à leur dernière réduction. Æ. 15. 15. 14. 13. 12. 11. 10. 8. 11. 10. 10. 10. 10. 10. 9. 9. 8. 7. 7. 6. 6. 6.
1354. —— Tête virile imberbe diadêmée. ℞. Même tête. Æ. 18.
1355. —— Double tête de femme, au-dessus la marque I. ℞. Tête virile ailée, au-dessus la marque I. Æ. 18.
1356. —— Tête de Pallas vue de face. ℞. ROMA. Un bœuf, au-dessus le signe du taureau ; sans marque de sa valeur. Æ. 19. *D'Ennery. p.* 127. *n°.* 37.
1357. —— Double tête imberbe. ℞. Tête de Mercure ; pétase ailé, derrière le strigile. Æ. 18.
1358. —— Tête casquée, tête de bélier. ℞. Vase à deux anses ; sans marque de valeur. Æ. 18.
1359. —— Tête de femme. ℞. Coq. Æ. 18.
1360. —— Tête de Janus ; I. ℞. ROMA C VIBIA.... Triple proue de vaisseau. Æ. 7.
1361. *Semis.* Tête de femme. ℞. Grain d'orge ; la marque S. Æ. 15.
1362. —— Sanglier. ℞. Diota, au-dessus S. Æ. 15.
1363. —— Pégase, dessous S. ℞. Pégase, dessous S. Æ. 15.
1364. —— Autre à-peu-près semblable. Æ. 14.
1365. —— Taureau bondissant, dessous S. ℞. Roue, dans les rayons S. Æ. 14.
1366. —— Tête de Pallas. ℞. Tête de femme dessous S. Æ. 16.
1367. —— Autre presque semblable. Æ. 15.
1368. —— Tête de Cérès à dr. ℞. ROMA. Victoire conduisant un quadrige. S. et quatre globules.
1369. —— Tête casquée, massue, S. ℞. Même type. S. Æ. 14.
1370. —— Tête de Pallas dessous S. ℞. Tête de femme derrière un strigile, dessous S. Æ. 14.
1371. —— La marque I au milieu de six globules. ℞. Roue. Æ. 14.
1372. —— Tête de Jupiter laurée dessous S. ℞. Proue de vaisseau, au-dessus S. Æ. 14.
1373. —— Tête de Jupiter, derrière S. ℞. ROMA. Proue de vaisseau dessus S. Æ. 8.
1374. —— Quatre autres semblables de poids différens. Æ. 8. 7. 6. 5.

1375. —— Une autre ; Victoire couronnant une proue de vaisseau. Æ. 6.
1376. —— Un gland. ℞. Même type et la marque S. Æ. 6.
1377. —— Gland. ℞. Seulement la marque S. Æ. 6.
1378. *Quincunx*. Tête d'Apollon laurée. ℞. ROMA. Les Dioscures à cheval, et cinq globules. Æ. 6.
1379. —— Tête d'Apollon laurée derrière la marque V. ℞. Les Dioscures à cheval, cinq globules et ROMA. Æ. 9.
1380. —— La marque X. ℞. X et la marque V. Æ. 8.
1381. *Triens*. Aigle et quatre globules. ℞. Le Polype ; quatre globules. Æ. 14.
1382. —— Tête casquée, quatre globules. ℞. Proue, quatre globules. Æ. 13.
1383. —— Cheval, quatre globules. ℞. Roue, dans les rayons quatre globules. Æ. 13.
1384. —— *Id*. Autre à-peu-près semblable. Æ. 13.
1385. —— Tête de bélier, quatre globules. ℞. Même type, quatre globules. Æ. 13.
1386. —— Foudre, quatre globules. ℞. Même type. Æ. 14.
1387. —— Foudre, quatre globules. ℞. Dauphin, quatre globules et le strigile. Æ. 14.
1388. —— Tête de Junon ; les globules. ℞. ROMA. Hercule assommant un centaure, quatre globules. Æ. 12.
1389. —— Tête casquée, quatre globules. ℞. Proue de vaisseau, quatre globules. Æ. 8.
1390. —— Autre presque semblable. Æ. 8.
1391. —— Tête de Pallas, quatre globules. ℞. ROMA. Proue, quatre globules. Æ. 8.
1392. —— Autre d'un plus petit module. Æ. 6.
1393. —— *Id*. Encore plus petit. Æ. 5.
1394. *Quadrans*. Buste de cheval. ℞. Même type, sans globules. Æ. 13.
1395. —— Autre semblable. Æ. 14.
1396. —— Pétuncle. ℞. Trois croissans sans globules. Æ. 13.
1397. —— Casque, trois globules. ℞. Diota, trois globules. Æ. 13.
1398. —— Deux grains d'orge et trois globules. ℞. Main, strigile, et trois globules. Æ. 13.
1399. —— Autre d'un moindre poids. Æ. 12.
1400. —— Main, massue et trois globules. ℞. Même type, trois globules. Æ. 13.
1401. —— Grande étoile. ℞. Symbole semblable au phi grec, trois globules. Æ. 11.
1402. —— Parazonium et trois globules. ℞. Vase. Æ. 12.

1403. —— Chien. ℞. Roue, dans les rayons trois globules. Æ. 11.
1404. —— Sanglier, trois globules. ℞. Même type. Æ. 12.
1405. —— Trinacria, trois globules. ℞. Grenouille, trois globules. Æ. 13.
1406. —— Tête de Junon *Sospita*, trois globules. ℞. Taureau bondissant, serpent, ROMA, trois globules. Æ. 10.
1407. —— Même tête. ℞. Mêmes lég. et type, épi. Æ. 8.
1408. —— Deux autres semblables d'un module plus petit. Æ. 6.
1409. —— Autre encore plus petit. Æ. 5.
1410. —— Tête d'Hercule jeune, trois globules. ℞. Proue, trois globules. Æ. 12.
1411. —— *Id.* plus petit. Æ. 9.
1412. —— Quatre autres encore plus petits. Æ. 7. 5. 5. 4.
1413. —— Un coq. ℞. Trois globules. Æ. 4.
1415. *Sextans*. Tortue et deux globules. ℞. La tête du serpent Agathodœmon, deux globules. Æ. 11.
1416. —— Pétuncle et deux globules. ℞. Caducée entre deux globules. Æ. 11.
1417. —— Pétuncle, deux globules et une massue. ℞. Pétuncle vu dans son intérieur, et la massue. Æ. 11.
1418. —— Tête imberbe coiffée d'un bonnet semblable à celui des Dioscures, deux globules. ℞. Même tête. Æ. 11.
1419. —— Trident, deux globules. ℞. Ancre, deux globules. Æ. 11.
1420. —— Vase à deux anses entre deux globules. ℞. Roue. Æ. 10.
1421. —— Roue, deux globules dans les rayons. ℞. Même type. Æ. 9.
1422. —— Roue, deux globules. ℞. La marque 1 entre deux globules. Æ. 6.
1423. —— Romulus et Remus alaités par la louve. ℞. ROMA. Aigle tenant une fleur dans son bec, deux globules. Æ. 6.
1424. —— Grenouille, deux globules. ℞. Ancre. Æ. 7.
1425. —— Animal couché, deux globules. ℞. Trident. Æ. 10.
1426. —— Tête de Mercure, Pégase ailé, deux globules. ℞. Proue, deux globules. Æ. 10.
1427. —— Tête de Mercure, au-dessus deux globules. ℞. ROMA. La proue de vaisseau et deux globules. Æ. 9.
1428. —— Six autres; mêmes tête et type. Æ. 7. 5. 5. 5. 4. 2.
1429. *Uncia*. Globule au milieu de trois croissans. ℞. Globule entre deux demi-cercles. Æ. 13.

1430. —— Roue. ℞. Vase à deux anses, globule. Æ. 12.
1431. —— Fer de lance. ℞. Globule dans un demi-cercle. Æ. 9.
1432. —— Tête virile. ℞. Globule et un symbole semblable à un trident. Æ. 10.
1433. —— Massue, globule. ℞. Globule entre deux triangles. Æ. 9.
1434. —— Vase, globule. ℞. *Pedum*, globule. Æ. 8.
1435. —— Tortue. ℞. Roue. Æ. 9.
1436. —— Grain d'orge et un globule. ℞. Même type. Æ. 7.
1437. —— Un osselet. ℞. *Id.* Æ. 7.
1438. —— Le strigile et un globule. ℞. Osselet. Æ. 7.
1439. *Uncia.* Osselet et un globule. ℞. Même type. Æ. 7.
1440. —— Globule. ℞. Osselet et le globule. Æ. 7.
1441. —— Osselet, massue. ℞. *Id.* Æ. 7.
1442. —— Tête virile. ℞. Pétuncle. Æ. 7.
1443. —— Tête de Pallas. ℞. Proue et un globule. Æ. 7.
1444. —— Tête de Pallas casquée derrière un globule. ℞. ROMA. Proue de vaisseau et un globule. Æ. 6.
1445. —— Autre semblable. Æ. 6.
1446. —— Autre plus petit. Æ. 5.
1447. —— Buste de cheval devant un globule. ℞. Tête de Cérès. Æ. 5.
1448. —— Tête du soleil radiée, un globule. ℞. ROMA. Un globule et deux astres dans un croissant. Æ. 7.
1449. —— Roue. ℞. Ancre. Æ. 7.
1450. —— Roue. ℞. Même type. Æ. 6.
1451. —— Globule entre deux traits circulaires. ℞. Même type. Æ. 7.
1452. —— Tête d'Hercule, un globule. ℞. Trident et un globule. Æ. 7.
1453. —— Vase, au-dessus un globule. ℞. Un fer de lance et le globule. Æ. 5.

AS ITALIQUES.

1454. *Brundusium.* Tête de Neptune dessous S. ℞. BRVN. Figure sur un dauphin, tenant une Victoire et une lyre. S. Æ. 5. (*Semis.*)
1455. —— Même tête, quatre globules. ℞. Même type et les quatre globules. Æ. 5. (*Triens.*)
1456. —— Même tête dessous trois globules. ℞. Même type, trois globules. Æ. 5. (*Quadrans.*) (*Sextans.* Voyez aux villes n°. 122.)

1457. *Camarinae.* Masque. ℞. Chouette tenant un lézard, et trois globules. Æ. 2. (*Quadrans.*)

1457 bis. *Capua.* (Voyez les villes n°. 98.)

1458. *Centurippae.* Tête de Cérès derrière un épi. ℞. ΚΕΝΤΟ-ΡΙΠΙΝΩΝ. Charrue, oiseau perché sur le socle, deux globules. Æ. 3. (*Sextans.*)

1459. *Felatria.* Double tête imberbe couverte d'un bonnet rond. ℞. ΦΕΛΑΤΡΙ. Massue et la marque I. Æ. 15. *Magnan. Misc. Num.* T. I. tab. 20. n°. 11. (*As.*)

1460. —— Tête *id.* (*As*). Même lég., deux globules. Æ. 8. (*Sextans.*)

1461. *Gelas.* Tête cornue sans barbe, derrière un grain d'orge. ℞. ΓΕΛΑΣ. Une feuille et trois globules. Æ. 3. (*Quadrans.*)

1462. *Graviscae.* Tête de Jupiter et trois globules. ℞. ΓΡΑ ΚΡΝ. Deux coqs, trois globules. Æ. 3. (*Quadrans.*)

1463. *Hadria.* Tête de Bacchus indien vue de face. ℞. ΗΑΤ. Un chien ou un loup couché. Æ. 19. (*As.*)

1464. —— ΗΑΤ. Chaussure. ℞. Coq, deux globules. Æ. 10. (*Sextans.*)

1465. —— ΗΑΤ. Poisson. ℞. Poisson, trois globules. Æ. 13. (*Quadrans.*)

1466. —— Grenouille. ℞. ΑΤ. Ancre, trois globules. Æ. 7.

1467. —— Animal couché. ℞. Même type.

1467 bis. *Lipara.* (Voyez les villes n°. 351.)

1468. *Luceria.* Tête d'Hercule coiffée de la peau de lion, quatre globules. ℞. ΛΟVCER. Massue, arc et carquois. Æ. 6. (*Triens.*)

1469. —— Tête de Pallas, au-dessus cinq globules. ℞. Roue, et dans les rayons ΛΟVCERI. Æ. 6. (*Quincunx.*)

1470. *Orra.* Tête d'Hercule jeune. ℞. ORRA. Foudre et trois globules. Æ. 3. (*Quadrans.*)

1471. *Paestum.* Tête couronnée de lierre. ℞. ΠΑΙΣ. Corne d'abondance, une palme, quatre globules. Æ. 3. (*Triens.*)

1472. *Teate.* Tête de Pallas, au-dessus cinq globules. ℞. ΤΙΑΤΙ. Une chouette sur un chapiteau de colonne d'ordre ionique, cinq globules. Æ. 6. (*Quincunx.*)

1473. *Velia.* Tête de Jupiter, derrière cinq globules. ℞. Ce monogr. VE ; aigle sur un foudre. Æ. 6.

FIN.

Nos.	ERRATA.
15.	Ville incertaine.
16.	Orippo, lisez Irippo.
31.	GLVCR., lisez C. LVCR.
46.	AR. l. Æ.
55.	BETAPPA., l. BHTAPPA.
62.	Thélesphore, l. Télesphore.
93.	AR. 5.
144.	ΑΡΙΣΓΟΓΕ, l. ΑΡΙΣΤΟΓΕ.
161.	ΘΥΡΙΩΝ, l. ΘΟΥΡΙΩΝ.
162.	ΕΦΑ, l. ΕΥΦ.
217.	ΑΛΛΙΒΑΝΩΝ, l. ΑΛΑΙΣΑΣ.
225.	KAMARINA. l. KAMAPINA.
233.	ΕΝΤΕΛΛΑΝΟΝ, l. ΕΝΤΕΛ........
266.	ΜΟΡΓΑΝΤΙΝΩΝ, l. ΜΟΡΓΑΝΤΙΝΩΝ.
291.	ΠΑΝΟRΜΙΤΑΝ, l. ΠΑΝΟΡΜΙΤΑΝ.
356.	HRAKΛ., l. HPAKΛ.
383.	ΒΥΣΑΝΤΙΟΝ, l. ΒΥΖΑΝΤΙΩΝ.
394.	ΚΡΥΣΑ, l. ΚΥΡΣΑ.
✻ 404.	ΤΡΑΙΑΝΟC, l. ΤΡΑΙΑΝΟC.
423.	ΑΥΔΟΛΕΟΝΤΟC, l. ΑΥΔΩΛΕΟΝΤΟC.
443.	Beroea, l. Berhaea.
500.	Lisez ℟. KPAN.
522.	Peparethys, l. Peparethus.
527.	ΒΥΛΛΤΟΝΩΝ, l. ΒΥΛΙΟΝΩΝ.
532.	ΔΥΣΗΝ, l. ΑΥΣΗΝ.
534.	BYTHP, l. BVTHR.
552.	ΛΥΚΥΡΓΟC, l. ΛΥΚΟΥΡΓΟC.
578.	Cyparissa, l. Cyparissus.
632.	La médaille décrite au n°. 632 appartient à la ville de Proana de Thessalie.
633.	ΕΥΡΙΔΙΚΕΩΝ, l. ΕΥΡΥΔΙΚΕΩΝ.
646.	ΚΟΛΩΝΑΙΩΝ, l. ΚΟΛΩΝΑΩΝ.

✻ 696. Ce cistophore est de Pergame de Mysie

649. ΛΥΚΥΡΓΟC, *l.* ΛΥΚΟΡΓΟC.
691. ΣΤΛΚΟΣΩ, *l.* ΣΤΛΩΚΟΣ.
697. *Polyrrenium*, l. *Polyrhenium*; et ΠΟΛΥΡΡΗΝΙΩΝ, *l.* ΠΟΛΥΡΗΝΙΩΝ.
741. ΑΜΑΣΕΙΑ, *l.* ΑΜΑΣΣΕΙΑ.
777. ΜΗΛΕC, *l.* ΜΕΛΗΣ.
829 *bis.* ΚΑΤΗΣ, *l.* ΚΤΗΣ.
853. ΣΚΕΨΗ, *l.* ΣΚΗΨ.
895. ΑΠΕΛΑΣ, *l.* ΑΠΕΛΛΑΣ.
902. ΧΡΟΓΝΗΤΟC. ΙΩΠΤΡΙΩΝΟC, *l.* ΗΡΟΓΝΗΤΟΣ ΧΩΠΤΡΙΩΝΟC.
949. ΗΡΑΚΛΙΑ, *l.* ΗΡΑΚΛΕΙΑ.
993. *Lisez* ΤΡΑ.

www.ingramcontent.com/pod-product-compliance
Lightning Source LLC
LaVergne TN
LVHW052105090426
835512LV00035B/993